我们一起解决问题

普通人的低风险理财之路

指数基金定投

十点

著

人民邮电出版社

北京

图书在版编目（ＣＩＰ）数据

指数基金定投：普通人的低风险理财之路 / 十点著
. -- 北京：人民邮电出版社，2023.1
ISBN 978-7-115-60096-7

Ⅰ. ①指… Ⅱ. ①十… Ⅲ. ①指数－基金－投资－基
本知识 Ⅳ. ①F830.59

中国版本图书馆CIP数据核字(2022)第177543号

内 容 提 要

对大多数人而言，指数基金定投是最适合的理财方式。什么是指数
基金、为何定投指数基金、如何定投指数基金是每个入门新手都要掌握
的基本知识。

本书从基金的常识开始讲起，首先介绍了什么是指数基金、购买基
金时需要做好的心理准备和注意的问题；其次分析了为什么普通人适合
指数基金定投、定投有哪些方法和诀窍；最后分享了作者多年的投资心
得。全书旨在帮助普通人从零起步，掌握指数基金定投的基本逻辑和操
作思路，走上低风险理财之路。

本书语言深入浅出，非常适合没有金融背景知识的读者学习，为普
通人参与指数基金定投提供了很好的建议和指导。

◆ 著 十 点
 责任编辑 王飞龙
 责任印制 彭志环
◆ 人民邮电出版社出版发行 北京市丰台区成寿寺路 11 号
 邮编 100164 电子邮件 315@ptpress.com.cn
 网址 https://www.ptpress.com.cn
 天津千鹤文化传播有限公司印刷
◆ 开本：880×1230 1/32
 印张：8.5   2023 年 1 月第 1 版
 字数：240 千字   2024 年 10 月天津第 7 次印刷

定 价：59.80 元

读者服务热线：（010）81055656 印装质量热线：（010）81055316
反盗版热线：（010）81055315

广告经营许可证：京东市监广登字 20170147 号

— 推荐序一 —
最好的故事依然还在明天

我很喜欢十点的文字，一个很重要的原因是我自己写不出来这些内容。我写东西比较循规蹈矩，从自己这头写向读者那头，写完之后，读者常常还没看出个所以然，这让我毫无快感。

十点则不同。他的写作主题常常是有感而发、信手拈来，他码字时也很轻松自在。他能迅速跳到读者的视角开始写作，不会让读者产生疏离感，甚至让读者有一种拉家常式的亲近感。这样的文字，他写得惬意，读者看着也欢喜，天天追着看。

十点多年笔耕不辍，靠的就是一个"诚"字。

那些劝人不要沉溺短线炒股的警示，那些让人避开理财陷阱的呐喊，那些教人长期投资的诤言，都是他在利他心理驱动下的苦口婆心的劝诫。即使他的文字有一些主观导向，有一些远景展望，又有何不妥呢？要知道，在弱肉强食的股市里，能够躬身入局，真正为弱势群体振臂高呼的人，实在太少了。

作为十点多年分享内容的精华采撷，作为他在基金、股票投资，创业领域和生活方面持续学习和迭代的一个缩影，这套书终于呈现在大家面前了。

虽然这套书洋洋洒洒几十万言，但是结构却简洁清晰：理念上围绕"投资理财都是为了美好生活"，万变不离本质；方法上从"如何远离亏损"到"怎样赚高确定性的钱"，再到"追求长期复利"，层层递进；工具上从基金聊到价值股，从定投聊到长期持有。

这套书诚意满满，在投资实例和经验心得的分享与畅聊之下，是十点对生活智慧和人生意义的思考。书中的见解和建议不仅希望将部分"非理性"的投资者推向"理性"，还希望进一步将他们从"理性"推向"非理性"。

前一个"非理性"是指我们的原始基因，即贪婪、恐惧等本能反应让大多数人不适合做投资，我们一定要克服这些本能；后一个"非理性"是指我们用"理性"赚到可持续的收益后，一定要记得活得"任性一点"去改善生活，不要过分算计。毕竟财富最大化并非目的，生活过得美好舒心才是最终目标。

在把生活过得美好舒心这个方面，十点堪称楷模。而他对美好生活的分享，也催生了美好的关系和事业。其中，在电商的一片"红海"中，十点硬生生地开拓出了"闯货"购物平台，这是他最重要的"作品"。

"闯货"在商业之外、利益之上的构想让人心驰神往。就在本书即将付梓之际，大家还讨论了是否可以效仿以色列"基布兹"模式，构建一个解决员工生活、居住、教育和家庭等方方面面需求的命运共同体。

"闯货"购物平台的愿景如下：让所有相关方——客户、员工和供应商——都过上美好生活。十点像巴菲特一样，依然跳着踢踏舞做着"世界上最有趣的工作"，并坚信最好的故事依然还在明天。感恩这个时代，感谢十点兄的分享，我受益匪浅，希望你们也一样。

芒叔，十点的朋友

股海茫茫觅灯塔

十点君邀请我为其新书写序，对于投资我是门外汉，怎堪此任？但我为其诚意感动，却之不恭，只好从命。

在 2022 年 2 月 25 日，A 股市场迎来了一个历史性的时刻。当天，中国证券登记结算有限责任公司发布消息称，A 股投资者开户数量已达 2 亿。这是一个天文数字，是世界上除了中国之外的任何一个国家都难以想象的数字。据悉，虽然有近半数股民属于重复开户，但是真正在股市交易的投资者仍大约有 8 000 万人。

可以说，每一位股民都是怀着美好的憧憬踏入股市的，他们希望通过投资增加收入，跑赢通货膨胀，甚至实现财务自由。然而，"七亏二平一盈"的股市"定律"导致 70% 的股民是常年亏损的。股市如海洋，看似平静的海面下实则暗流汹涌，充斥着种种套路。这片海洋时不时会出现一场台风，导致狂风暴雨、巨浪滔滔，许多股民辛苦积攒的血汗钱被骤然吞没，最终只能扼腕痛惜，望洋兴叹。

我就曾是这 70% 的亏损大军中的一员，俗称"小散"，又名"韭菜"。

在 2011 年，我自学了一些 K 线之类的知识，初涉股市。因对投资一窍不通，我主要通过看股评、听消息和追热点来炒股。在我眼中，所有的股票基本就是不同的代码而已，哪些公司是垃圾公司，哪些股票有投资价值，我懵然不懂。而股票总爱和我玩"躲猫猫"，我刚买进，它就"跌跌不休"，直到我忍受不了煎熬"割肉"了，它就开始上涨。经历了 2015 年上半年的大牛市，我好不容易把过去亏损的本金追了回来，但是经过接踵而来的史诗级大雪崩，千股跌停、千股停牌，国家出手救市后的千股涨停，再到 2016 年初熔断制的千股再跌停，我已是亏损累累、屡战屡败、心灰意冷。

茫茫股海，云谲波诡，我苦苦寻觅，希望有高明的老师为我指点迷津。

改变，发生在 2018 年的春天。

朋友推荐给我一篇十点君的文章，内容是关于价值股分析的。我读之后，欲罢不能。十点君从十个方面对一只价值股详加分析，文字内容有理有据，令人信服。

从那以后，我开始密切关注十点君的公众号。十点君陆续分析了 A 股多家优质公司，这些文章让我茅塞顿开：投资，就是沙里淘金，就是要寻找有雄厚实力、宽阔的护城河且十年、百年不倒闭的公司长期持有。价值投资，才是股市投资的正道。而追涨杀跌、跟风盯盘和炒概念的投机取巧，结局必然是亏损，不仅会影响投资者的工作，还损害了投资者的健康和家庭和睦。

十点君的公众号名为"拾个点"，它在周一至周五每天上午十点更新推文。文章的主题大多是向粉丝传授基金定投、价值投资之道，偶尔也谈谈创业和生活。作者苦口婆心、不厌其烦地告诫粉丝：如何远离亏损，怎样才能赚钱。真诚之心令人感动。

在 2018 年，A 股市场持续下跌，泥沙俱下，最优质的公司也跌到了买得起、值得买的点位。我选取了几只十点推荐的价值股，坚定地持有它们，它们跌得越多，我买的数量越多。在年底进行盘点时，虽然我仍是亏损，但那几只价值股的成绩竟然跑赢了上证指数、深证成指和创业板指数，证券公司的经理表扬我"打败了 80% 的投资者"。我从心底里感激十点君，是他无私的帮助，引导无数不懂投资的"韭菜"们走上了价值投资的坦途。

在茫茫股海，十点君如同一座灯塔。当股市行情大好时，他会一再发出警示，让大家规避行业泡沫即将破裂的巨大风险；当瘟疫、战争这些可怕的"黑天鹅"来袭，股市哀鸿遍野、资金踩踏出逃时，十点君会挺身而出，向粉丝们大声疾呼：双倍或四倍定投指数基金！果然，在每次非理性的持续暴跌后，市场都迎来一波大反弹。正因如此，十点君赢得了众多粉丝的信任，他是一个有大情怀的人。

与许多堆砌术语、故作高深的财经文章写手迥异，十点君在写关于投资的文章时，深入浅出，循循善诱，文章如同他本人，真诚而朴实，通俗易懂的语句中蕴含着深刻的投资理念和人生道理。

现在，凝结十点君多年心血的文章即将结集出版，我深信，定有更多的读者从中受益。

是为序。

雷敏功，十点的粉丝

— 自 序 —

近 10 年我看了很多好书，真的很感慨，感谢前人为我们写了这么多好作品，让我们这些后人得到如此多的智慧。在投资方面和经营企业方面，我都是前人智慧的受益者。

首先是投资方面，因为这些好书，让我从短线交易的泥潭里脱离出来，拥抱了价值投资，不但赚到更多更稳定的收益，而且还有了更幸福的投资体验。

做短线交易的时候，我每天不免会受累于当日股价的波动，心情总是会受到影响。而现在，我买入了自己理解的好公司，"不管风吹浪打，胜似闲庭信步"，这种感觉真的很美妙。

长期来看，价值投资还可以让我获得额外的收益。因为不用每天盯盘和复盘，我有了大量时间可以用在阅读上。这样的转变一开始可能只为了有更好的投资收益，但我慢慢地发现，自己的思维广度和深度都发生了质的飞跃。

近 3 年，我最大的变化就是依照从书中学习的知识，从 0 开始打造了一个年销售额近 10 亿元的新型电商平台——闯货，而且它每年还在以百分之几百的速度成长。我大胆地预言一下，20

年后，与闯货类似的模式可能会成为中国电商行业的主流。

短短几年时间，从 0 开始，我们用从前人书本上悟到的智慧，打造了一个 300 多人的团队，构建了一个没有任何营销套路的电商平台。可以说，闯货的诞生与发展，都是由前人的智慧推动的。

在我自己的新书即将出版之际，我要特别感谢几位作者和他们的作品，感谢他们赋予我智慧。

第一要感谢《基业长青》的作者吉姆·柯林斯，阅读他的这本书，让我们拥有了非凡的企业文化。

第二要感谢稻盛和夫先生和他的作品《阿米巴经营》，这本书让我们拥有了出色的财务管理和独特的成本核算机制。如果没有《阿米巴经营》，也许我早已被淹没在烦琐的"签字"审批中。正因为采用了阿米巴经营模式，我这个管理着 300 多人团队和每年数亿元采购额的企业"掌舵者"，才能够从年头到年尾没有签过一个字，而我们的账务体系依然井然有序，阿米巴经营模式真的很了不起。

第三要感谢里德·哈斯廷斯和他的作品《不拘一格》，这本书让我们构建了坦诚的企业核心价值观，由此才有了今天如此清明、快乐、高效的企业文化。同时，《不拘一格》中提出的人才密度理念帮我们聚拢了如此多的优秀同事。

第四要感谢黄铁鹰老师和他的作品《海底捞你学不会》，这本书教会了我们如何做服务，由此才有了今天闯货的优质服务理念框架。当然，也要感谢张勇的无私分享，让我们学到海底捞的精髓。

　　这些好书都真真切切地帮助了我们，如果没有这 4 本书，一定没有我今天的成就。我在深深地感受到阅读的重要性的同时，也深深地认识到提供优质好书的重要性。除了好书和它们的作者之外，成就我自己这 3 本书的还有出版社老师们的辛勤付出，只有出版过书才能真真实实地感受到这些"幕后英雄"的重要性。我这次出版的 3 本书如果没有出版社编辑们的辛勤工作，就没有出版的可能。由于书中的内容都是我历年即兴发挥写在"拾个点"公众号上的文章，表达比较口语化，可能还有错别字，标点符号也不是很标准，离正式出版物的差距比较大。对文稿中种种问题的修正，工作量非常巨大，感谢人民邮电出版社的编辑老师们逐字逐句的"批改"——就像老师在帮我批改作业，这才有了今天这 3 本正式出版的书。

　　基于对前人智慧的感激和传承，我决定把自己这么多年学习和总结的内容整理成书，虽然不是什么高深的"智慧"，但确确实实是适合普通人改变现状的好建议。**我自己从一个身无分文的农村孩子成长到一个拥有数百人团队的管理者，依靠的就是我在这 3 本书里和盘托出的好建议**。我的父母都是文盲，家底一穷二白，我靠降分录取考取了一个最普通的专科学校（因为报考这个学校的人少、招不满才降分）。我这样一个普通人的命运扭转很好地印证了一句话：人只要有理想，经过长时间的不断学习和努力，理想都会实现。这是我近 20 年来最深的体会。同理，还可以套用马云的一句话："我能成功，中国 80% 的人都会成功。"这句话用在我自己身上，可以再夸张一点："我能成功，中国 99% 的人都会成功。"

今天的我拥有出色的团队、稳定的公司、幸福的家庭、自由的时间、自主的工作等 99% 的人梦寐以求的东西——也许还有 1% 的人不屑于这些，那么除了这 1% 的人之外，你们都可以读一读我的"好建议"——《指数基金定投》《长期价值投资》《慢慢变富》。

最后，感谢我的妻子十点嫂，虽然她的年纪不大，看上去还不到 30 岁，但是 60 岁、70 岁的"拾个点"粉丝都这么称呼她。因为我在文章中经常提到她，当时我比较随意地为她取了"十点嫂"这个昵称，如今大家也已经习惯了这个称呼，甚至已经忘记了她的年龄，十点嫂的名字就这样很神秘地在"拾个点"的粉丝中流传，但是她的智慧却是真真实实地存在的。十点嫂拥有非凡的胸怀，我今天的格局完全是她赋予的。每到关键时刻，她总能给予我最好的建议。可以说，没有她就没有我的今天，借此机会，我想要再次表达我对她的感激之情——可能她还不一定高兴，因为她最怕受人关注！

另外，要特别提一下我那一对同一天生日的小公主——注意，是同一天生日，不是同一天出生。由于老二的预产期与老大的生日只相差 5 天，我跟十点嫂商量了一下，决定让老二提前 5 天出生，这才有了每年姐妹俩一起过生日的欢乐时光！当初，我的想法也很简单，希望姐姐（妹妹）自己过生日的时候，也能想到妹妹（姐姐）的生日，永远不会忘记互相祝福。我这个老爸出版的这 3 本书，也算给她们留下了一点成长的心得，但愿她们俩喜欢看。我还要感谢我的父母，虽然他们一字不识，但是他们赋予了我最宝贵的品质——诚实。可以说是诚实给予了我今天的一切，哪怕是写公众号"拾个点"——在有些人为了吸引流量而各显神通的时候，"拾个点"的诚实风格赢得了几十万名忠实粉丝。

如果你喜欢这3本书的内容和风格，欢迎来公众号"拾个点"找我，我依然会坚持周一到周五每天更新一篇2 000字左右的文章，这件事情我已经坚持了整整7年。讲到这里，我不得不感谢我高中的语文老师，他在高一就布置了一个"变态"的作业，每天要求我们写一篇作文，高中3年，全班只有我一个人坚持下来了，没想到这在二十多年后成就了3本书的诞生。这再一次印证了那句话：今天的努力都是为将来的成就架桥铺路。

希望我的书也能成为构筑你未来成就的"砖块"！

── 目 录 ──

引 言 | **长期定投的价值　001**

　　月薪几千元也能存下百万元巨款　001

　　股市里"稳赚不赔"的两种方法　014

第一章 | **基金的常识　017**

　　指数基金的全面解析　018

　　投机和"自杀"　024

　　买基金不能暴富　031

　　银行理财与基金定投　036

　　别踩排名的坑　041

第二章 | **为何定投　047**

　　学会这一招，让你轻松战胜 70% 的人　048

　　10 年后，你是富人　050

　　定投指数基金解决亏钱问题　055

为什么定投两年还亏损 16%　061

我的方法很慢，但都有效　070

三种不同的人生　077

我们痛苦的根源　085

为什么一味追求高收益是错的　090

不要再做"韭菜"了　092

按照复利，买一年奶茶的钱未来值 20 万元　096

上证指数改规则了　101

最快的赚钱方法　107

最保险的投资方法　113

第三章　如何定投　117

为什么强烈建议定投指数基金　118

就买宽基指数基金　127

投资增强型指数基金的真正原因　134

可以优化定投吗　137

指数高的时候能定投吗　141

什么时候加倍定投　146

每月的几号定投赚的钱最多　151

一只便宜的指数基金　156

可以买科创板 50 指数基金吗　160

年化收益率超过 20% 的指数　163

第四章 | **实战技法 171**

再手把手教你一次　172

阴阳买卖法　177

获得 15% 的年化收益率的投资方法　186

提前还房贷让你少赚 500 万元　198

第五章 | **投资心法 205**

要克制住一件事情　206

终极变富法　211

做到这三点，让你平安无事　221

不做浪费一分钱的风险性投资　223

如何做到退休后月入 5 万元　226

父亲的客户经理　232

读者寄语　239

致谢　247

——引 言——
长期定投的价值

月薪几千元也能存下百万元巨款

　　我曾一直建议大家进行价值投资，因为这样起码大家会少亏钱，即使资金暂时被套住，大家也有解套的机会。但是最后我发现，大家一般都拿不住股票，结果还是亏钱。当然也有不少粉丝转型做价值投资后，真的从股市赚到了钱，但很快又"吐"了回去，心态立马又崩溃了！而选择指数基金定投的人，大多一直在赚钱。所以最后我发现，指数基金定投才是适合所有散户的投资方式，而且是唯一一条适合散户走的路。巴菲特用"十年赌约"也证明了指数基金定投是普通民众在资本市场赚钱的最佳路径。

　　我一直想提笔给月薪几千元的朋友写一个全面的理财方案，其实我脑海里面已经有具体的内容了，就是需要花时间整理出来！对于一个月薪几千元的人来说，存下百万元巨款似乎是一个"不可能实现"的梦想，那么事实真的如此吗？答案是否定的。经过若干年的科学规划，在一定的努力程度下，大家完全可以实现这个梦想。而一旦实现这个梦想，大家未来的赚钱速度就会加速，从"睡前收入"转向"睡后收入"。我觉得写这本书非常有意义，因为我国绝大多数工薪阶层家庭的收入水平都是月薪几千元，夫妻双方每月收入各 5 000 元，家庭年收入 12 万元左右。接下来我将从几个方面具体跟大家说说月薪几千元如何存下百万元巨款。

第一，转变理念，拥抱资本市场。

股票或基金一定是最值得普通家庭配置的金融资产，我为什么这么说呢？上证指数从 1990 年的 100 点涨到 2020 年 1 月的 3 100 点左右，在 30 年时间里上涨了大概 30 倍，复合年化收益率为 12.2%。而且 2020 年 1 月的市场点位处于历史低估区域，如果市场点位处于中位数合理估值，上证指数应该是 4 500 点左右，也就是大概上涨了 44 倍，那么复合年化收益率应该为 13.6%。而在大家都认为最好的中国房地产市场的黄金 30 年里，房产的复合年化收益率又如何呢？从 1990 年算起，在 30 年时间里，北京房产的复合年化收益率约为 8%，上海房产的复合年化收益率约为 12%。由此可见，拉长周期来看，上证指数的总收益率更高，别看复合年化收益率一年只差几个点，如果复合 30 年，甚至 50 年，收益可能相差几十倍。而且大家要知道，这 30 年一定是中国房价上涨最快的 30 年，未来 30 年房价不可能再上涨这么快了，国家也不允许其上涨这么快。所以 A 股是未来最好的投资之地，但是大家一定要掌握正确的方法，不要自己去炒股，而是要拥抱指数，拥抱最能代表中国经济的指数。这就是我建议大家买入指数基金的主要原因，即未来 30 年大家依然可以获得超过前 30 年买房的复合年化收益率。

第二，让自己慢下来，一步一个脚印，慢慢变富。

很多人冲入股市的动力都是听说股市能赚很多钱，是一个可以一夜暴富的场所。大家不惜一切代价要成为那个暴富者，尤其希望通过股市赚到很多钱后可以环游世界，辞掉不喜欢的工作，拥有更好的物质条件，可是事实怎么样呢？我可以很明确地告诉大家：股市是这个世界上最难赚钱的地方，而且这与大家的努力程度、学历、智商无关。甚至大家越努力，失败的可能性越高。你在股市努力一辈子最终可能一无所获，这个结局的概率高达90%，所以我们在股市没有赚到钱非常正常，因为那是大多数人的正常结局。

那么在股市赚钱真的那么难吗？不，难的原因是大家都觉得股市能让人暴富，这蒙蔽了大家的双眼，才让大家觉得在股市赚钱那么难。如果放弃暴富思想，让自己慢下来，选择合适的方式，大家会发现在股市赚钱并没有那么难，而且是可以实现的目标。无论大家原来有多少钱，放弃暴富思想，慢慢变富只是时间问题。我们多次在粉丝见面会现场强调一个观点：现在对各位来说，最紧迫的事情不是赚多少钱，而是先解决亏损的问题，做到在股市里不亏钱，那么剩下的机会都能赚钱。特别是如果大家现在的本金比较少，那么更要解决亏损的问题，绝不能因为本金少，就希望在股市里赚快钱，最后连仅有的本金都亏进去了。如果唯一能下蛋的"鸡"都没有了，大家还怎么可能通过"下蛋"赚取人生的第一个 100 万元呢？

那么解决亏损最好的办法是什么？我在很多文章里反复强调过：定投指数基金，而且是任意宽基指数基金。我推荐大家购买代表中国优秀上市公司的沪深 300 指数基金，也可以选择增强型的沪深 300 指数基金，这样大家就可以轻松地解决亏损的问题，而且从长期来看还可以获得远超银行理财产品的收益，同时非常节省精力。当大家还没有 100 万元存款的时候，最值得花精力的事情其实是提升工作能力。一方面，大家要通过不断学习提高工作能力，增强自己未来产出现金的能力。另一方面，大家要努力工作，争取加薪，让自己有更多的本金可以买入指数基金。我给大家看一套数据：2017—2019 年主要的宽基指数基金的年化收益率为 9.44% ~ 17.38% 不等。表 1 的第四列是三年总收益率，第五列是年化收益率。（数据有点老，大家看个大概即可。）

表 1　主要的宽基指数基金的年化收益率（2017—2019 年）

序号	基金代码	基金名称	总收益率	年化收益率	排名
1	410008	华富中证 100 指数	61.71%	17.38%	1/45
2	000835	华润元大富时中国 A50 指数 A	61.48%	17.32%	2/45
3	320010	诺安中证 100 指数 A	61.11%	17.23%	3/45
4	162307	海富通中证 100 指数（LOF）A	54.12%	15.51%	4/45
5	502040	长盛上证 50 指数（LOF）	52.80%	15.18%	5/45
6	240014	华宝中证 100 指数 A	52.32%	15.06%	6/45
7	001548	天弘上证 50 指数 A	45.81%	13.40%	7/45
8	161207	国投瑞银沪深 300 指数分级	44.68%	13.10%	8/45

（续表）

序号	基金代码	基金名称	总收益率	年化收益率	排名
9	519100	长盛中证 100 指数	44.44%	13.04%	9/45
10	162509	国联安中证 100 指数（LOF）	42.86%	12.62%	10/45
11	502048	易方达上证 50 指数（LOF）A	41.83%	12.35%	11/45
12	217016	招商深证 100 指数 A	40.43%	11.98%	12/45
13	162714	广发深证 100 指数（LOF）A	36.73%	10.99%	13/45
14	160417	华安沪深 300 指数分级 A	34.99%	10.52%	14/45
15	160615	鹏华沪深 300 指数（LOF）A	34.61%	10.42%	15/45
16	050002	博时沪深 300 指数 A	34.27%	10.32%	16/45
17	165309	建信沪深 300 指数（LOF）	32.37%	9.80%	17/45
18	000656	前海开源沪深 300 指数 A	31.94%	9.68%	18/45
19	161811	银华沪深 300 指数（LOF）	31.38%	9.52%	19/45
20	165515	信诚沪深 300 指数（LOF）A	31.07%	9.44%	20/45

主要行业指数基金的年化收益率也是 7.3% ～ 35.57% 不等，如表 2 所示。

表 2　主要行业指数基金的年化收益率（2017—2019 年）

序号	基金代码	基金名称	总收益率	年化收益率	排名
1	161725	招商中证白酒指数（LOF）A	149.15%	35.57%	1/83
2	160222	国泰国证食品饮料行业（LOF）A	113.68%	28.80%	2/83
3	160632	鹏华酒 A	108.61%	27.78%	3/83
4	001631	天弘中证食品饮料 ETF 联接 A	79.61%	21.56%	4/83
5	540012	汇丰晋信恒生龙头指数 A	61.08%	17.22%	5/83

（续表）

序号	基金代码	基金名称	总收益率	年化收益率	排名
6	167301	方正富邦中证保险主题指数	52.67%	15.15%	6/83
7	161726	招商国证生物医药指数（LOF）A	32.92%	9.95%	7/83
8	161213	国投瑞银中证消费服务指数（LOF）	31.72%	9.62%	8/83
9	370023	上投摩根中证消费服务指数	31.63%	9.59%	9/83
10	161033	富国中证智能汽车（LOF）A	31.50%	9.56%	10/83
11	090010	大成中证红利指数A	30.19%	9.19%	11/83
12	001552	天弘中证证券保险A	27.96%	8.56%	12/83
13	002588	博时银智大数据100A	25.84%	7.96%	13/83
14	001617	天弘中证电子ETF联接A	25.67%	7.91%	14/83
15	160136	南方中证国有企业改革指数（LOF）A	23.55%	7.30%	15/83

　　根据以上数据可知，只要大家选择任意一只指数基金，长期定投，大家在股市亏钱的问题几乎能被完美解决。而且大家要注意在买入后不要频繁买进和卖出，导致利润被手续费"吃光"。大家只要耐心持有，或逐步定投，把剩下的事情交给时间即可。将时间拉长到10年，指数基金的收益超过银行理财产品的收益的概率为90%以上，而且这种操作的风险非常低，因为指数几乎没有倒闭的可能。

　　面对琳琅满目的指数基金，大家一下子也很难决断，所以我和芒叔反复对比和甄别，认为以下两种指数基金最能代表中国经济，非常值得大家关注，其一是沪深300增强型指数基金，其二是恒生中国企业指数交易型开放式指数基金（简称恒生国企

ETF）。后者跟成熟市场对接，并且成份股包括了代表新经济的腾讯和阿里巴巴，所以是更能代表未来中国经济的指数。沪深 300 增强型指数基金的好处是：它几乎跟 A 股的估值同步。最重要的是，它的投资策略是关注中国一百多家最优秀的上市公司，根据估值动态地调整单家公司的仓位比例，任何单家公司的股价波动都不会造成太大损失。而且如果大家每次都是在低估值时买入，那么沪深 300 增强型指数基金下跌的空间也很小。从历史业绩来看，沪深 300 增强型指数基金的涨幅远远跑赢了沪深 300 指数，所以是比较适合的定投对象。沪深 300 增强型指数基金的年度涨幅如表 3 所示。

表 3　沪深 300 增强型指数基金年度涨幅（2012—2019 年）

年份	2019 年	2018 年	2017 年	2016 年	2015 年	2014 年	2013 年	2012 年
阶段涨幅	39.05%	-16.94%	27.08%	-5.01%	20.89%	55.39%	-8.50%	12.64%
同类平均	35.75%	-24.68%	12.50%	-11.54%	23.19%	36.18%	0.58%	5.15%

由上面的数据可知，从 2012 年到 2019 年，沪深 300 增强型指数基金只在 2013 年、2016 年和 2018 年出现过年度亏损，其余年份的收益率都非常高。沪深 300 增强型指数基金与沪深 300 指数的涨幅对比如表 4 所示。

表4　沪深300增强型指数基金与沪深300指数的涨幅对比

（基准日期：2020年1月9日）

时间	近1周	近1月	近3月	近6月	今年来	近1年	近2年	近3年
阶段涨幅	0.00%	4.49%	5.72%	8.98%	0.00%	37.85%	10.61%	44.87%
同类平均	1.48%	6.37%	9.78%	14.12%	1.48%	38.07%	2.64%	17.33%
沪深300指数	0.29%	6.90%	8.36%	9.78%	1.65%	35.27%	–0.060%	23.80%

　　由表4可知，沪深300增强型指数基金在2017—2019年的总收益率大概跑赢沪深300指数21个百分点，这个业绩应该也是很出色的。

　　现在，我们已经选好了理财方式和产品，那么如何规划才能存够100万元，让赚钱进入真正的"睡后时代"呢？

　　下面，我以月薪5 000元来计算，大家首先要遵守两个原则。第一，大件消费不得超过月收入的10%。当大家遇到可买可不买的东西时，要放弃消费，延迟消费，不要任意挥霍最早用于原始积累的资金。第二，所有生活开销必须一一记账。买一包卫生纸都要记账，每月总结，争取每月都能截流部分开销，直至每月消费不超过1 000元。注意：节约不能以牺牲健康为代价。例如，你本来经常出去吃快餐，现在你可以选择去菜市场买菜自己动手做饭。如果你是一个人生活，可以晚上用电饭煲蒸一道菜，早上再蒸一道菜，把菜装进保温盒带到单位作为午饭。这样你每月的伙食开销可以节约500元。而原来每天两顿快餐的费用至少30元，一个月的快餐费用起码1 000元。这样优化后，你不但吃得更好、更健康，每月还可以多出500元用于投资。如果你租房，那么请搬到公司附近，即使住条件艰苦一点的合租房也不要紧，只要把自己的区域打扫得整洁，将来你会住上别墅。注意：每月房租不得超过月收入的 10%，再将每月交通费缩减到月收入的 5% 以内。这样安排之后，你每月主要的开销可以节约至 1 000 元以内，每月就可以存下 4 000 元。如果你有机会赚外快，那么在合法的前提下，可以辛苦一点，如晚上帮人代驾、送外卖等。一方面，你可以用外快收入补贴额外开销；另一方面，你可以争取每月再多存 1 000 元，这样你的定投金额可以达到每月 5 000 元。假如我们从 2010 年 1 月 1 日开始每月定投 5 000 元某只沪深 300 增强型指数基金，具体情况如图 1 所示。

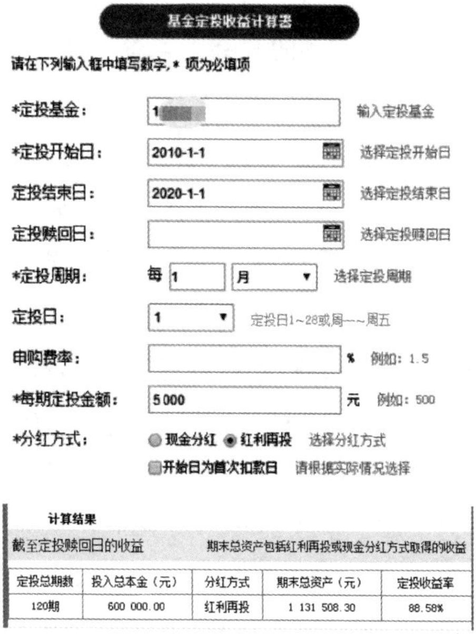
基金定投收益计算器
请在下列输入框中填写数字，* 项为必填项
*定投基金： 1　输入定投基金
*定投开始日： 2010-1-1　选择定投开始日
定投结束日： 2020-1-1　选择定投结束日
定投赎回日：　选择定投赎回日
*定投周期： 每 1 月　选择定投周期
定投日： 1　定投日1~28或周一~周五
申购费率：　% 例如：1.5
*每期定投金额： 5 000 元 例如：500
*分红方式： 现金分红 红利再投　选择分红方式
开始日为首次扣款日　请根据实际情况选择

计算结果
截至定投赎回日的收益　期末总资产包括红利再投或现金分红方式取得的收益

定投总期数	投入总本金（元）	分红方式	期末总资产（元）	定投收益率
120期	600 000.00	红利再投	1 131 508.30	88.58%

图 1　每月定投某只沪深 300 增强型指数基金 5 000 元的收益

（2010 年 1 月 1 日—2020 年 1 月 1 日）

到 2020 年 1 月 1 日，根据历史实际业绩计算，我们的期末总资产大概可以达到 113.15 万元。大家轻松存下了百万元巨款，马上可以迈入钱生钱的加速阶段。

退一步讲，即使你今天已经 50 岁，每月开始定投 5 000 元，到 60 岁退休时你依然可以获得百万元存款。然后你可以用这百万元存款投资靠谱的私募基金，让资产继续复利增长，你的退休生活也会越过越富有，而不是等退休时还要看人脸色到处打零工贴补家用。再退一步讲，即使你已经 60 岁了，你依然可以在 70 岁时获得财务的相对自由。总之，你什么时候开始定投都不晚，但如果你还继续短线"搏杀"，即使你现在 20 岁，那么你到 60 岁时依然不会富有，甚至事业、爱情、家庭都一塌糊涂，将大好的年华浪费在了每天波动的 K 线上，痛苦地挣扎一辈子。

通过以上计算结果，我们可以总结几个关键点。

第一，在投资初期一定要节约每一分钱。如果你将最开始花出去的 100 元用来投资，这笔钱将来也许可以买一辆汽车。

第二，除了节约，很重要的一点是做一份兼职工作，增加投资初期的定投资金。如果你每月存 4 000 元，那么 10 年后，你只能存下 90 万元，没有达到购买私募基金的门槛，无法进入赚钱加速阶段。如果你通过兼职每月多存 1 000 元，10 年后你就大概可以获得 113.15 万元的存款，完美进入赚钱加速阶段。

第三，努力工作，争取加薪。如果你产出现金的能力增强了，每月的存款增多了，就可以提前进入赚钱加速阶段。例如，你每月有 1 万元的收入，每月定投 8 000 元，大约 7 年就可以获得 100 万元的存款。

其实，如果一个家庭中两个人的收入都是中等水平，每月还是可以存下8 000元的，就是要精打细算一点。像我们家，我和十点嫂在刚开始工作的前3年都是每天记账，计算着花每一分钱。我们完全依靠自己，在大学毕业的第2年购买了一套二室一厅的房子（总价7.8万元）。到毕业的第5年，我们拥有了人生的第一个100万元存款。我们积累原始资金的方法就是省和存，同时赚了点外快，并没有什么大的发财机会。两个人的工资加上开了一家饭馆赚到一些钱，我们在4年时间里存下了50万元，然后碰到2006年的大牛市，资产又翻了一番，我们从此没再缺过钱，而且进入了赚钱的加速阶段。

看完我们的经历，大家真的不用羡慕，因为你们也可以做到，我相信现在很多人的月薪都超过5 000元。如果你今天的月薪还没有超过5 000元，我建议你先在如何提升自己的工作能力方面加把劲，争取赚到5 000元才是你努力的重要方向，而不是拿着自己微薄的血汗钱企图在高手如云、最难赚钱的资本市场寻找"发财机会"，这样的努力是徒劳的。你应该去现实生活中寻找每月可以赚到5 000元以上的工作，或者做一份兼职工作，争取月收入超过5 000元。如果你已经有家庭了，今天晚上回家就跟爱人商量一下实施这个理财计划，两个人争取能够每月省出5 000～6 000元去定投。我相信这样一个理财规划，会让你的人生充满希望和惊喜，也会让你在面对生活压力时淡定很多。特别是在看到别人胡乱花钱时，你会不屑一顾，因为他们拿出一半以上的工资来挥霍人生，甚至花光工资来满足一时的消费快感，这样做的代价是很大的。

精选留言

陈欢：

我每月结余 1.5 万元，目前有现金 50 万元，请问老师，如果我定投指数基金，应该如何操作呢？

十点：

把 50 万元分成 50 份，分批投入。另外，用每月结余的 1.5 万元定投 1 万元，这样你每月可以定投 2 万元，坚持 10 年，你大概会有 500 万元的资产。之后每月你即使不定投了，大概也有 4 万～5 万元的投资收益。按照 50% 的通货膨胀率来计算，10 年后的月收入 4 万元相当于现在的月收入 2 万元，这 2 万元还是额外的收益。

十点：

如果你再坚持定投 10 年，大概会有 1 500 万元的资产，每月的投资收益超过 10 万元。

五泉山：

十点老师你好，我想谈谈我的看法。第一，目前我国大多数人的工资达不到每月 5 000 元，尤其是在广大三线以下的城市和农村。第二，投资房产可以贷款，借杠杆，首付只需要全款的 30%～50%，股票则需要全额付款。

十点：

指数基金定投只要定时付一点钱即可，房子首付也是大额资金。

平常心：

人生是无常的，你现在计算得再好，说不定明天生活就发生变化了。生活的意义还是应该活在当下，不用刻意赚钱，顺其自然就好，在地球上能活过 65 岁的人大约只占 8%，谁也不知道明天会发生什么。

十点：

所有觉得人生是享受当下的人都会越过越艰难。正因为人生苦短，我们才要过得更好。不想奋斗却想过好日子，那只能是天方夜谭，真正好的人生不仅有享受，更要有目标和理想。实现理想的过程带给我们的快乐会远远大于所谓的享受当下。

不求安逸的 π：

2013 年工作后我就开始记账了，后面还引入了预算机制，坚持到现在已有 8 年。我虽然没有像文中老师所说的那样严格控制支出，但是我很清楚自己的钱花哪儿去了，如果后面要做节流，哪些钱可以挤出来是一目了然的。在每年年底做复盘时，我也能快速地做好分析，这也算是给自己的一个交代。工作 7 年 7 个月后，我的税后年收入超过 100 万元，可用于投资的资金有 50 万元，还有 100 万元的房贷，我正逐步建立自己的资金循环。记账很重要，这是我对我身边的朋友们一直强调的事情，只不过听进去的人寥寥无几。

十点：

你很棒！

股市里 "稳赚不赔" 的两种方法

我已经看了 3 遍《聪明的投资者》，但是每次仍然会有新的体会。所以大家可以反复阅读经典的投资书，再通过实践来回味和总结。芒叔的办公桌上永远摆着一排书，那些是他反复看过的最经典的书，他一有空就拿出书来翻一翻，这些书成了他终生的"伴侣"。我越来越感觉依靠看书来做投资这件事很靠谱，因为我们每天犯的错误，其实之前的人都犯过了，我们何必要自己真金白银地交学费呢？之前的人都替我们交过了，我们只要花一点钱购买这些书，然后把盯盘的时间用来看书里总结的教训，我们就可以迅速成长，并且省下很多钱，甚至赚很多钱。关于能否定投价值股这个问题，《聪明的投资者》一书中的一段话已经给出了答案。

一位享誉华尔街乃至全美国的大人物约翰·拉斯科布曾经在为《女士之家杂志》(Ladies' Home Journal) 撰写的一篇题为 "每个人都应该成为富人" 的文章中，为资本主义的美好前景大唱赞歌。他的说法是：如果你每月储蓄 15 美元，并将其投资于某一只优质的普通股，同时将其红利用于再投资，那么，20 年后你累计投入的 3 600 美元将变成 80 000 美元。如果通用汽车这样的企业巨头真能一路走好，这确实不失为一条简单易行的致富之路。这一建议有多大的正确性呢？我们对此进行了一番粗略的估计：以道琼斯工业指数的 30 只样本股为投资标的，如果按照拉斯科布的办法，在 1929—1948 年间进行投资，那么，1949 年年初你将拥有 8 500 美元。这笔钱比这个大人物所允诺的 80 000 美元要少得多，它也说明，任何乐观的预测和保证，都十分不可信。但是，同时我们也可以算出，这一投资的实际回报折合为年复合收益率后高达 8% 以上；考虑到该投资是在道琼斯工业指数为 300 点时开始买进的，而 1948 年年底其投资截止日的点数仅为 177 点，获得这个年复合收益率就显得更不容易了。这一记录表明，不管市场如何，每月定期买入优质股的这种原则是很有说服力的，这种方案被称为"美元成本平均法"（dollar-cost averaging）。

虽然后来发生了大萧条及股市暴跌，但巴菲特的老师格雷厄姆没有忘记拉斯科布的这篇文章，还帮他算了笔账：从 1929 年开始，每月用 15 美元买入道琼斯工业指数的 30 只成份股，20 年后，资产可累积至 8 500 美元，年复合收益率可达到 8% 以上。虽然 8 500 美元比 80 000 美元少了许多，但大家要知道，同期道琼斯工业指数下跌了 41%。格雷厄姆把这种定期定额的投资策略称为"美元成本平均法"。

格雷厄姆计算了两种方法的结果。

第一种方法是，定投像贵州茅台这样的优质公司，那么在 20 年的时间里，尽管道琼斯工业指数下跌了 41%，但是大家每月定投的 15 美元变成了 80 000 美元。

第二种方法是，定投 30 只看好的价值股，那么在 20 年的时间里，尽管道琼斯工业指数下跌了 41%，但是每月定投的 15 美元变成了 8 500 美元，年复合收益率也超过 8%，而且在这 20 年中市场还经历了 1929 年这种百年一遇的经济危机，但最终大家还是依靠定投取得了这么好的收益率。

再退一步讲，如果大家实在选不出价值股，也可以选择定投宽基指数。以 10 年为一个周期，这种方法至少百分之百可以解决大家的亏损问题。

第一章

基金的常识

指数基金的全面解析

对于大多数普通人来说，最适合的投资方式还是定投指数基金。

我为什么这么说呢？

我发现大家对价值股的理解程度不能保证让大家有持续且稳定的收入，而且频繁交易价值股的心理冲动很强，将时间拉长至3～5年来看，虽然价值股亏钱的概率小，但是它的收益率要跑赢指数的收益率还是很困难的。如果算上时间的消耗和精力的投入，这对大多数人来说其实是一件不太划算的事情，因为如果将时间和精力投入本职工作领域，大家可以收获更多。

指数基金是以特定的指数为标的指数，并以该指数的成份股为投资对象，通过购买该指数的全部或部分成份股构建投资组合，以追踪标的指数表现的基金产品。目前市面上比较主流的标的指数有沪深300指数、中证500指数、标准普尔500指数、纳斯达克100指数和恒生中国企业指数等。这几个指数对应的A股基金产品有很多，我先列几只交易比较活跃的ETF，供大家参考。

跟踪沪深300指数的基金产品有很多，有开放式基金，也有

ETF。沪市的沪深 300ETF（基金代码：510300）和深市的沪深
300ETF（基金代码：159919）如图 1-1 和图 1-2 所示。

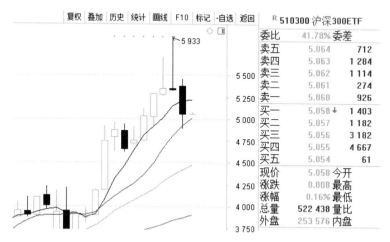

图 1-1　沪市的沪深 300ETF

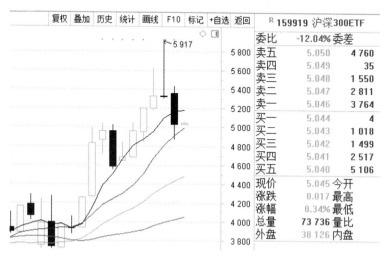

图 1-2　深市的沪深 300ETF

同样，跟踪中证 500 指数的基金产品也包括开放式基金和 ETF，如鹏华中证 500ETF（基金代码：159982）等。

跟踪标准普尔 500 指数的基金产品包括易方达标普 500 指数人民币 A（基金代码：161125）等。

跟踪纳斯达克 100 指数的基金产品包括广发纳指 100 ETF 联接人民币（QDII）A（基金代码：270042）等。

跟踪恒生中国企业指数的基金产品有 H 股 ETF（基金代码：510900），如图 1-3 所示。

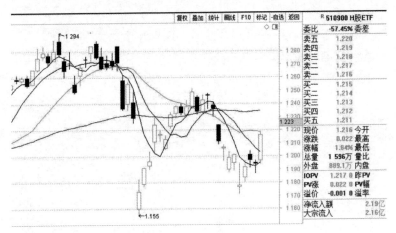

图 1-3　H 股 ETF

以上这些基金都是严密跟踪相关指数的，这些指数有一个共同特点，就是会不断更新成份股，所以这些基金算是对应市场里面最优秀公司的代表。指数永远不会倒闭，而且反脆弱性也特别强。为什么这么说呢？我通俗易懂地表述一下，例如，沪深 300 指数永远是沪深两市里面最优秀的 300 家公司的股票编制而成的指数。如果今年其中有一家公司经营不善，指数会把它剔除，然后再加入一家经营良好的公司。因为一家公司的经营状况肯定存在起起落落的情况，但是它相对于一个指数，只是"新陈代谢"的一部分，所以指数的生命就能永续。

在 100 年前被选入道琼斯工业指数的 12 家公司如今早已被剔除了。这 12 家公司大多不是倒闭就是被收购，但是道琼斯工业指数已经从 100 点涨到 3 万多点，在 100 年间涨了 300 多倍，如图 1-4 所示，巴菲特说未来 100 年道琼斯工业指数迟早会涨到 100 万点。如果按照前 100 年的涨幅，未来 100 年好像还不止上涨这些：300×3 万 =900 万点。所以几家公司的倒闭根本不影响大家买入指数的整体收益率，哪怕现在某个指数的所有成份股在未来都倒闭了，大家依然可以赚得盆满钵满，因为它们的倒闭换来的是更优秀公司的加入，大家只要尽情享受指数牺牲脆弱部分来成就新成长起来的反脆弱部分的特点就好，最终当指数涨得越来越高的时候，大家的收益也会越来越多。

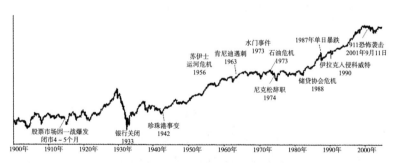

图 1-4　道琼斯工业指数 100 年的走势图

但是有一种指数基金大家最好不要买，那就是不会更新成份股的指数基金。例如，上证指数是上证所有公司股价的加权平均数，不管某家公司经营得好不好，它都要将所有公司的股价计算进去，只是权重有所差异。举例来说，工商银行的上涨和下跌对上证指数的影响就比较大。上证指数也就是我们平时俗称的"大盘"，其样本股是在上海证券交易所上市的全部股票，包括 A 股和 B 股，反映了上海证券交易所上市股票价格的变动情况，自 1991 年 7 月 15 日起正式发布（以 1990 年 12 月 19 日为基期，基数为 100 点）。尽管不建议大家购买上证指数，但是我们的上证指数 30 年来也从 100 点涨到了 3 000 多点，上涨差不多 30 倍，比大家投资 10 年或 20 年的股票后依然亏钱好太多了。

综上所述，大家如果早些年选择买入各类指数对应的指数基金，经过时间的推移，赚钱的概率几乎是 100%，即使大家选择了更新率比较差的上证指数，经过 30 年的时间也能大概赚 30 倍。这跟房价的涨幅相比也差不了太多，我记得 20 年前我们这个城市的房价大概是 1 000 元 / 平方米，现在大概是 2 万元 / 平方米，上涨差不多 20 倍。我记得我姐姐家 2000 年在上海买的第一套房子的总价大概是 12 万元，2020 年以 240 万元卖掉了这套房子，房价上涨差不多就是 20 倍。

如果你有能力靠投资股票赚钱，并且所投资的股票能跑赢指数，那么就凭你自己的能力去赚更多的钱吧。但是如果你花了很多时间和精力在股票上，最终股票才勉强跑赢指数，我认为你还是选择指数吧，因为将同样的精力花在工作上，你还可以产出更多的投资现金流。最重要的是，把这些时间和精力空出来，你的生活应该会更美好。

最后，有几只美股和港股的指数基金产品也值得关注，有些人一直羡慕美股的 10 年牛市，其实大家也可以轻松享受它们的牛市，只要输入相应的基金代码，跟买卖股票一样操作即可。但是请记住，等你操作后，如果还是依靠短线思维，反复买进卖出，你也许还是赚不到钱。如果你真的看好它们的市场，就应该长期持有它们的指数基金产品。总之一句话：如果投资理念是错误的，去哪儿都赚不到钱！

精选留言

网友王 × ×：

十点老师好！我对比了很多基金公司的头牌基金，发现很多基金的业绩远超增强型指数基金，我们是否可以长期定投优秀的主动型基金？我个人认为买那些优秀的主动型基金就是买了沪深 300 指数中的核心王牌价值股，取得超额收益的概率是否更高？

十点：

过去的业绩不代表未来的业绩，还是定投指数基金的收益确定性更高！

苹果蜜：

十点老师你好，我和老师结缘已经几年了，你的文章是我每天的必修课，你已经改变了我的投资思维，每天我都能做想做的事情，开心快乐地过好每一天，在此真心感谢十点老师。我现在想请教老师一个问题：如果我不选择定投而是选择手动择时投基金，是否也可以享受基金的复利？万望老师给予解答。

十点：

人性的弱点会让你赚不到钱，如果有这个定力和判断力，你投资股票应该也会很赚钱了。

投机和"自杀"

我之前收到过一条粉丝留言，内容如下。

今天看了老师的公众号文章，我突然有一种紧迫感。昨天晚上我发现我持有的股票在2015—2018年期间每年都在赔钱，在2019—2020年期间才赚了点钱。我好像是在2020年3月关注老师并开始做价值投资的，所以股票在2020年开始有盈利。我从2018年开始定投指数基金，收益还不错。虽然整体算下来只有指数基金赚钱，股票并没有赚到钱，可是我就是不死心，一边定投指数基金，一边还想买股票。老师说的10年也好，30年也罢，我总是在想自己还有没有10年和30年？我今年58岁，现在持有×××的私募基金，我总觉得持有私募基金的时间太短好像不行，但持有私募基金的时间长了，我又担心自己的身体未来会发生不好的状况。我很想跟老师交流交流，又不知道在哪里能跟您好好聊一聊。总之我希望多赚钱，并且多赚安全的钱。

我在 2017 年 10 月买入 ××× 的私募基金，它的最大回撤率将近 40%，现在赢利 59.3%，学习老师的价值投资之后我就不想赎回它了。我炒股这么多年也没赚到钱，虽然现在通过学习改变了对炒股的认识，以及操作的思路，但是也担心自己改不了过去的习惯，不能克服思维上的陋习，如涨了就想再买、跌了就有点拿不住、来回买进卖出。我持有海康威视的股票好多年了，通过统计海康威视，我发现它 9 年涨了 700% 多，但是我手里的海康威视一直在亏钱，我搜了搜原因，仔细查了一下交易记录，发现我基本上都是在它上涨的时候买入，在它下跌的时候卖出。关注老师公众号之后我买入涪陵榨菜的股票，我持有它时，它的最大涨幅是 60%，但是它跌完后涨幅只剩 17% 了。面对这样的情况，我也会自我怀疑。所以价值投资并没有那么简单，克服内心的恐惧非常重要，但我们不容易做到。基金定投是我一直坚持做的事情。我是一个热心肠的人，愿意将好的东西分享给身边的朋友，所以我还带领我的好朋友们跟我一起投资，她们都很相信我。但是我发现了一个问题，她们从来不看也不懂股市，只是单纯地相信我，反倒收益都不错，她们也没有那么纠结。我有时候还要看基金是涨了，还是跌了，内心忐忑不安，还想着别辜负了我的朋友们，没想到最后我的心态最不好。

大家看完以上内容有什么感受？是不是感觉这位粉丝和自己很像！其实我们绝大多数人就亏在"短线交易"上。巴菲特的老师格雷厄姆在《聪明的投资者》一书中曾说：

"短线交易，是有史以来人类发明的最佳自杀武器，你的某些交易会赚钱，大多数交易会赔钱，但是你的经纪人却永远会从中获利。"

你是不是也不幸被言中了？你是不是也曾认为股市时时刻刻都可以赚大钱？其实这就是一个"自杀"的过程而已。我相信如果没有 10 年短线交易的"血战"，以及亏得遍体鳞伤的结局，绝大多数人是不会死心的，他们总觉得自己是一个交易天才。

在本书第五章中有一节叫"如何做到退休后月入 5 万元"，很多人在我的公众号上看完标题之后觉得是天方夜谭，感觉这是不可能实现的事情！但是，那大概率是未来中国 20 ~ 30 年的经济情况，到时候的总收益会超出我们的预期。原因很简单：中国人的内在发展需求已经完全被激发，人民对美好生活的追求已经形成共识，未来的发展方向一定是向好的，即使不好也会被及时纠正，因为大家都想过得更好！

但是有些人总是很悲观，感觉未来前途未卜。所以价值投资者是天生的乐观者、理想主义者，而且往往这样的人最后都会赚得盆满钵满，每天都过得很开心。其实，一个政局稳定的国家，大概率都是往前发展的，这是常识。而这种常识很容易被人忽视，他们宁可去相信某个小道消息来炒股，也不愿意相信一个很容易被人理解的常识。只要判定这个国家的经济发展大概率是向好的，你就可以断定指数一定越涨越高，那么你定投一只指数基金，从长期来看几乎是稳赚不赔的。

还有一个常识是，把指数基金看作股票，它在中途会震荡，而你无法预测未来的涨跌，所以我们就利用股票的震荡，顺便赚

点市场波动的钱。大家去看沪深 300 指数的月 K 线图，如图 1-5
所示，从沪深 300 指数的角度分析，你只有在两个"尖头"的时
候一次性买入沪深 300 指数并持有到 2020 年 10 月才是亏损的，
亏损幅度大概 15% 左右。其实这个跌幅也跑赢了 50% 以上的
散户，很多炒股超过 10 年的人，他们亏损的幅度绝对不会低于
15%。

图 1-5　沪深 300 指数的月 K 线图（1）

　　但是如果我们采取不择时的盲投，将资金分散到每月投入，
由于中国的股市是熊长牛短，且大部分筹码是在熊市的市场底部
被买入的，所以最终获得的收益是非常可观的。指数一定会越涨
越高，这是亘古不变的常识。除非地球毁灭，就连两次世界大战
也没有阻止指数长期上涨的趋势，我不知道什么事情还可以让指
数长期下跌。

　　沪深 300 指数的月 K 线是从 2005 年开始统计的，并且在
2005—2020 年中，沪深 300 指数将近 80% 的时间都处于市场的
低位，如图 1-6 所示，所以你在 80% 的时间买入的筹码都很便宜，
最后结局自然是赚钱，而且收益不会太少。我们回测了 2010—

2020 年的数据，发现沪深 300 指数正好是翻一倍的收益。大家不要小看这 10 年翻一倍的收益，一方面你是分批投入的，后续的资金被占用的时间越来越短；另一方面，大部分散户 10 年下来不亏损就已经很好了，而定投沪深 300 指数基金既可以赚钱，还不需要花费精力，而且赚的钱还不少。

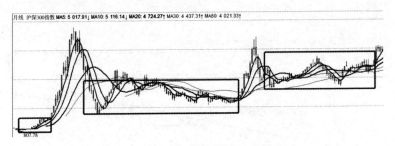

图 1-6　沪深 300 指数的月 K 线图（2）

　　再强调一点，任何优化定投的方法从长期来看都是无效的，甚至适得其反。我回测过各种平台的智能定投，单从平台给你的数据来看，收益率貌似高了，其实那都是假象。一方面，这些数据只是在定投期间收益的年化折算，如果加上空闲资金的时间，其实年化收益率极低，有些甚至没有超过存款利率，也就是说你实际没有赚到那个算出来的钱。例如，平台一年中给你投了 1 个月，你获得了 1% 的收益，然后平台自动按 12 个月计算，你的年化收益率就变成了 12%，这个收益率貌似很高，但其实你只赚了 1%，这个收益率是不是连定期存款利率都不如？另一方面，定投的最大意义是强制储蓄，但这些智能定投在一年中往往因为条件无法达到而投不了几天，所以你定投的总金额非常少，也就是说智能定投的总金额比强制储蓄的总金额少很多，最后总收益也少很多。所以大家不要试图高抛低吸，花那些时间和精力都是徒劳。

当然，有一个方法可以优化定投，那就是在市场明显位于低位的时候加倍定投，如 2008 年、2011 年、2012 年和 2018 年等。而当市场明显位于高位的时候可以停止定投，甚至赎回一部分，如 2007 年、2015 年等。

最后，我想纠正一下这个粉丝的观念：她认为进行价值投资或投资私募基金时，年龄大了就不应该投了，因为收获期太漫长，怕自己等不到了。其实这是一个完全错误的想法。你看巴菲特 90 岁了，芒格 96 岁了，他们还是手握大量现金在等待机会，而不是担心自己等不到收获的那一天了，然后到处乱投。他们自己好像默认自己会永生，投资方式跟年轻的时候一模一样，并不会因为年龄而改变。其实上了年纪的人更要采用这种稳妥的投资方式，因为他们输不起，尤其输不起本金。龟兔赛跑看似乌龟跑得慢，其实从长期来看，兔子蹦跶不了太长时间，乌龟却可以一直往前爬。这就像长跑运动员要赢得胜利，必须保持体力，然后不断地跑，而不是一开始爆发后，等体力耗尽就动不了了。其实在投资领域道理也一样，而且因为有了价值投资带来的稳稳的幸福感，你的寿命会越来越长，最终大家拼的不是业绩，而是长寿，因为时间对你最有利。世界上最著名的投机天才利弗莫尔，在 60 多岁时就去世了，而进行价值投资的巴菲特，90 岁时还在投资。这种天才型的投机大师最终的结局也比不过价值投资者，何况你我这种普通人呢！最关键的是，他们俩的投资过程完全不一样，巴菲特每天都很开心，而利弗莫尔却天天提心吊胆，最后被折磨得自杀身亡。这就是追求慢慢变富和追求暴富的两种不同人生，你到底想要过什么样的人生？请做好选择！

精选留言

气贯长虹：
"巴菲特的老师格雷厄姆在《聪明的投资者》一书中曾说：'短线交易，是有史以来人类发明的最佳自杀武器，你的某些交易会赚钱，大多数交易会赔钱，但是你的经纪人却永远会从中获利。'你是不是也不幸被言中了？你是不是也曾认为股市时时刻刻都可以赚大钱？其实这就是一个'自杀'的过程而已。我相信如果没有经过10年短线交易的'血战'，以及亏得遍体鳞伤的结局，绝大多数人是不会死心的，他们总觉得自己是一个交易天才"。这是一篇深度好文，都说到我心里了，我果断收藏了！

十点：
你的经历让你理解了这段话的意义，其实格雷厄姆早在80年前就讲了！

网友邱××：
和文中这位留言的朋友正好相反，我一般在股票下跌时买入，但是股票一上涨就拿不住了，总想把它卖在最高点，等股票再次下跌时再买回来。但这样操作几次后，股价震荡走高使我不敢再入手了。请问十点老师，有没有什么办法帮我改掉这个毛病？

十点：
你在做高抛低吸的时候，永远不动底仓，即使天塌下来也不能卖掉，然后另外拿一些闲钱专门做短线，而且只做一只股票，不买其他的股票。最关键的是，当股票下跌时你先买再卖，不要先卖再买，在低位买多少，在高位就卖多少，永远不动底仓！

网友邱××：

谢谢老师，谨遵教诲！

买基金不能暴富

虽然我一直建议大家定投指数基金，但我还是希望大家可以降低自己的心理预期，同时牢记：买基金不能暴富！如果你想要一夜暴富，还是建议你去买彩票吧。

2020年9月，一篇微博冲上了热搜，讲的是一个外卖小哥通过买基金获得了百万元的存款，实现了"睡后"月收入超过5万元。我从头到尾仔细看了整篇报道，对作者写这篇文章的初衷不想过多评论，但是我想给大家补充一些建议，以免大家被误导。

为什么说买基金不能暴富？任何想通过买基金来暴富的人，大部分都会被淘汰掉，尤其是文章中提到的这位快递小哥。

根据报道内容，2014年这位快递小哥购买了杠杆基金，用5 000元本金赚了8万元，即赚了16倍。我不知道他买的是什么杠杆基金，如果是分级基金，一般也只有2～3倍杠杆。但就是这个有2～3倍杠杆的分级基金，在2014年和2015年让很多散户血本无归，所以国家后来提高了分级基金的买卖门槛，散户必须拥有 50 万元的资产才能购买分级基金，由此可见它的风险之大！

即使按照2014年股票基金业绩最好的150%的收益率来计算，3 倍杠杆也就是 450% 的收益率，哪儿来的 16 倍？所以我十分怀疑新闻内容的真实性！我也可能比较无知，请大家指教！如果这位快递小哥购买的是我们未曾知晓的高风险的高杠杆基金，那么这种产品就更不值得我们去了解了，我们赚这种刀口舔血的钱也没什么意思，迟早要还回去，甚至还会倒贴。

这位快递小哥赚了钱后，4 年没再买基金。2018 年他认为中国股市将触底反弹，然后果断买入大量基金，2 年时间财富增长到 100 万元。就靠这样两次"神操作"，这位小哥成了百万富翁。在这件事里，哪些经验是你可以借鉴的呢？在我看来，除了理财的观念值得学习，其余操作都不值得大家模仿。

首先，我们大部分人没有择时投资的能力，只能选择在相对便宜的时候买入基金。大家都不具备择时的能力，不如用傻瓜式的"阴阳买卖法"（在第四章我会详细分析），即在相对低位的年末买入（即当年该基金收阴），在相对高位的年末卖出（即当年该基金收阳 20% 以上），每个人都具备这个操作能力，而且这种方法的确定性也很高。

其次，千万不要用杠杆，一定要用自己的闲钱买入宽基指数基金，尤其要在相对便宜的时候买入，这样几乎没有什么风险。如果你们想要像这位快递小哥一样，通过购买基金一年赚 16 倍，那么你还是去买彩票吧，那会更快！

　　再次，买基金，尤其是定投宽基指数基金本质上是一种强制储蓄，也就是说基金定投的储蓄功能强于理财功能。我们平时每月节约几千元钱"存入"基金，在若干年后不知不觉就有了一笔"巨额"财富和一部分"睡后"收入。

　　我们对任何投资理财产品都一定要放低预期，依靠时间的复利获得收益，而不是寄希望于短期的暴涨。如果你能拥有这样的心态，一定能踏踏实实地取得财富的稳步增长。基金投资绝不是暴富通道，而且这个世界上没有任何可靠的暴富通道。如果你想要暴富，只能去买彩票，但是请做好"灾难"降临的准备。

　　据统计，彩票的中奖金额越大，"灾难"程度越大，这在全世界都一样。因为一个普通人无法承受暴富，最后大概率会迷失方向，陷入"万劫不复"的境地。一个人永远赚不到自己认知能力以外的钱，即使侥幸"赚"到了，那这些钱也只是暂存在你这里，你迟早要将它们还回去。所以我们要想富起来，就要慢慢变富，那才是稳稳的幸福！

　　正常情况下，如果你每月能够存下 5 000 元，无论牛市或熊市，不间断地定投，这笔钱 10 年后大概就可以变成百万元的巨款了。有人会说，通货膨胀 10 年后，100 万元不值钱了。但我要说的是，按照短线投机的炒股模式，10 年后你很可能还没有百万元的存款，甚至很难保本。大家可以复盘一下，前 10 年你们用来炒股的资金保本了吗？所以当想到通货膨胀的时候，大家要先想想保本了吗？只有保本了，大家才有资格谈通货膨胀。很多人都说通货膨胀很厉害，所以要理财和炒股，结果把本金都炒没了，这就是现状。

我非常明确地告诉大家，定投宽基指数基金（如沪深 300 指数基金、创业板指数基金、恒生中国企业指数基金、标准普尔 500 指数基金、纳斯达克 100 指数基金、科创板 50 指数基金等）的年化收益率大概在 7%～15%，以 10 年为一个周期来看，赚钱的概率几乎是百分之百。为什么我不让大家选行业指数基金？因为如果你能看懂一个行业，那么还不如去买行业龙头的股票。不要觉得今年蒙对了一次，你就能长期蒙对，只要蒙错一年，那么复利效应就会大大减弱。虽然我们通过长期复利能够赚大钱，但要记住，目标不是每年多赚钱，而是尽可能地控制回撤。毕竟"股神"巴菲特的年化收益率也才 18%，你想要每年赚 50%，那几乎是不可能的。巴菲特 50 年资产增长 4 万倍，靠的是控制回撤，而不是尽可能地多赚钱。巴菲特在历史上的亏损年份只有 2001 年和 2008 年，并且两次都有不超过 10% 的回撤率，这种业绩才能造就 4 万倍的复利增长。永远记住：亏损 90%，需要翻 10 倍才能回本，请看清楚，那也只是回本而已。

任何冒着高风险去理财的事情，都不值得提倡，而且总有一天会让你亏得血本无归！所以对于外卖小哥的这个发财经历，大家也不用羡慕了，还是踏踏实实地专注于自己的定投计划。虽然每天都有很多人暴富，但是我们还是选择慢慢变富，享受稳稳的幸福吧！

精选留言

衣迹：

我觉得有一句话很有道理，你连自己第二天的情绪都不能预测，凭什么敢预测第二天股民的情绪？所以价值为王，买估值低的龙头股，或者定投指数基金才是正道。

缘灭：

曾几何时，我也觉得自己很厉害，是一个投资高手，当初我入市半年后，在上千人中成了明星，一个月左右的时间让资金翻了一倍，自己差点辞职炒股！但是在 2015 的暴跌中，我的利润急剧缩水，而我觉得那波暴跌会马上结束，于是没有止损，硬扛了下来，最终亏掉了所有利润，还好最后反弹时清仓了，只亏损本金的 3%。后来我进行反思，以为是自己学艺不精，于是继续研究各种技术，现在对于技术分析，我可以不看任何资料就能讲一大堆内容。但是，后来因为一只表现较差的股票，我所有的利润都被套住了。在老师开始讲价值投资的时候，我非常赞同你的观点，但是我觉得价值投资赚钱慢，没有短线投机赚钱快，于是我用一半资金进行价值投资，一半资金做短线投机，就出现了价值投资的收益不够给短线投机补亏损的现象，而且就亏在一只股票上！最近通过反复阅读老师的文章，我有所感悟，终于醒悟了。只是我跟老师有点差别，我保持六成仓位不动，利用四成仓位结合以前学的短线技术来短线交易价值股，也许不需要这样做，但是这可以让成本不断降低。

十点：

你的经历是一个很好的过程，但愿你坚持进行价值投资。万一资金被套住了，你就先拿着股票吧，多买点价值股是好事！

江湖雨夜十年灯：

2007年的大牛市也有一个捡垃圾的老奶奶暴富的故事，不知是否还有人记得？12年过去了，主人公变成了快递小哥，但故事的梗概大致相同。

银行理财与基金定投

先和大家说个新闻：2020年10月，由某资管机构作为管理人、某银行代销的25款理财产品在连续两次分配延期后，已全线违约，25款固收产品总规模或超40亿元，资金缺口或超20亿元。虽然有一定比例的资产已经完成变现，但仍有个别资产存在嵌套结构。不仅如此，在兑付过程中，该资管机构与作为代销机构的银行还"互踢皮球"。这25款固收型的理财产品，为何会出现如此大的亏损？底层资产到底是哪些标的？面对投资者的质疑，管理人与代销银行均表示"不便透露"。但数位投资者在与他们多番沟通的过程中得知冰山一角：该系列理财产品曾买入了某企业债券。而在2020年4月中旬，11.5亿元的该企业债券被"强行延期"。

代销银行后来也紧急拿出了一份兑付方案，承诺在2020年10月20日兑付本金的50%，把另外48%的本金转为该银行的理财产品，将2%的本金作为该理财的收益，1年后到期兑付。代销银行对该系列理财产品的部分投资者表示，如果按照目前的产品清算进度要求来清算，投资者仅能获得 60% 本金的返还。"而我所了解到的是，**该产品的最新净值为 0.84 元，这与 60% 的本金返还比例仍存在较大差距。**"一位投资人称。

从这条新闻中，我们可以总结出以下几点教训。

第一，银行理财产品并不保本。银行在理财产品的合同里面对这件事写得很清楚，只是大家买的时候没有仔细看，而且他们对风险的提示也很清楚，还会让购买者做风险评估，所以如果真的亏本了，甚至亏得血本无归，购买者拿银行一点办法都没有，如果打官司，购买者也必输。

第二，银行理财产品所谓的 4% ~ 6% **的利息，其实是"高利贷"。**现在一年期银行存款的基准利率只有 1.5% 左右，如果你想要通过银行获得 4% ~ 6% 的年利率（大概相当于定期存款利率的 3 ~ 4 倍），这就是高利贷，风险自然也高。

第三，银行理财产品一年可以亏 16%。上面新闻提到的系列理财产品当时的净值是 0.84 元，这意味着投资者已经亏损了 16%。而且这些亏损还是在没有确定兑付方案的情况下的结果，根据新闻，投资者有可能亏损 40%，所以你说风险大不大？

第四，银行理财产品也会血本无归。银行理财产品属于非保本的投资类产品，风险还是很大的，只是之前我国经济一直处在快速发展阶段，资金的投资收益都很高，从银行理财产品中募集到资金的成本相对较低，所以银行理财产品的违约极少。即使出现了个别违约的情况，银行为了名声不受损伤及后期其他产品的顺利销售，也会悄悄解决。**但是接下来如果违约数量增加，如新**

闻中所说的产品，在 40 亿元本金中有 20 亿元无法兑付，那么银行赔不起，基金公司也赔不起，最后只能让购买者自行承担。而且让购买者承担也没错，因为是购买者自己主观认为银行理财产品就跟存款一样，不会亏本金，但这完全是误解。如果出现银行理财产品的资金被投向一个风险较大的企业债券的情况，且这个企业在破产清算后资不抵债时，那么很可能这笔投资就血本无归了。

第五，银行理财产品只是获得了偿还优先权，并不是没有风险。怎么理解这一点呢？假如将银行理财产品的钱借给了某家企业，而这家企业破产了，那么银行理财产品购买的企业债券可以获得优先于股东分配的权利。在企业的剩余资产拍卖后，企业要先还这部分钱，然后再将剩下的钱分配给股东。当然，企业债券的清偿优先级别低于员工工资和国家税款，后两者优先级别最高，企业只有发完员工工资和缴清国家税款后才能还债。所以只要将钱借给企业，都存在风险，**因为企业是有限责任，如果企业资不抵债，那么作为债主的银行理财产品肯定要亏钱，只是亏多少的问题。**

但是银行存款与银行理财产品不一样，虽然银行也将存款贷给了企业，但是如果银行收不回企业的贷款，那么其必须偿还承诺给储户的存款，除非银行自身破产。一般而言，银行破产后对于单个储户最多赔偿 50 万元，我国在 2015 年正式推出了《存款保险条例》，其规定，只要存款金额在 50 万元以内，储户可以全部安全拿回存款，如果存款金额超过 50 万元，储户最多只能拿回 50 万元。当然，根据 2015 年的统计数字，50 万元可以覆盖99.6% 的储户，现在这个比例估计要低一些了。**所以银行存款基本是保险的，大家基本能够拿回本金和利息。**但是银行理财产品不一样，它是将你的钱直接借给了企业，没有人给你善后，只不过管理人是将资金分散借出去的，所以风险相对会低点。从银行方来讲，出售理财产品是稳赚不赔的生意，如果亏钱，购买者自己承担；如果赚钱，银行也能赚不少。对于一些信托产品，银行的代销佣金和托管费等的比例至少有 1% ~ 1.5%，这几乎是万分之 100 到万分之 150 的手续费比例，比证券公司万分之 2 或万分之 3 的交易手续费比例高多了。而拿储户的存款去放贷款，银行还是存在风险的，一旦收不回贷款，自己就要被迫吞下坏账。所以这几年银行大量发行理财产品，理财产品不仅很赚钱，而且让银行承担的风险又低，何乐而不为呢？当然也有为了留住储户的存款，迫不得已的因素存在。

但是，作为投资者，大家必须认识到银行理财产品的风险，而且这个风险还不小。**随着经济增长速度的放缓，企业债券违约的概率越来越大，那么银行理财产品的风险就会越来越大，大家不要再把银行理财产品当作存款购买了。**当然，银行自身也会迭代产品。为了提高理财产品的收益率，它们也会增加股票和基金的投资比例，R3 级别以上（银行理财产品的风险等级总共分为 5 级，为 R1 ~ R5）的理财产品可以投资股票、外汇等，投资比例可高达 30% ~ 40%。但是这里面就鱼龙混杂了，你无法预料某个银行理财产品投资股票会不会亏钱，这跟管理者的个人能力有关。

所以买 R3 级别以上的银行理财产品，还不如直接购买指数基金，至少后者的获利确定性更高。这也是我之前一直强调的：**如果将时间拉长到 5 ~ 10 年，甚至 10 ~ 20 年，定投指数基金的风险几乎为零，而且可以获得远超银行理财产品的收益。**美国的标准普尔 500 指数从 1941 年到 2020 年，平均年化收益率大概是 8.5%，远超国内银行理财产品的 4% ~ 5%。而且在标准普尔 500 指数设立至今的这七八十年里，发生了很多大事，包括第二次世界大战、石油危机、金融危机等。

作为普通投资者，如果你想要从股市赚到钱，而且还想赚超过银行理财产品收益的钱，从长期来评估又想要保证风险较低，那么定投指数基金是唯一的选择。**哪怕你做股票做得还算不错，你能确定未来 20 年、30 年，甚至 50 年的收益都能那么稳定吗？**不一定！世界上能做到这一点的人少之又少，你大概率也不是这样的人。最关键的是，如果你放弃了这个博弈，把同样的精力投入本职工作，你成功的概率将大大增加！**所以大家不要做"傻事"，要安心定投，努力工作，赚更多现金，买更多指数基金来为你赚钱！**

精选留言

某网友留言：

只要获得有关部门发给的牌照，一些机构就可以发行理财产品，然后大胆地拿投资人的资金去冒险，冒险成功即可获得相当可观的收益，投资人也可以得到本金和红利，一旦投资失败，这些机构分毫无损，投资者却亏惨了。这就很奇怪，为何不能规定让发行者也投一定比例的资金，与其他投资人共担风险呢？

十点：

所以自己要学习，提高认知，就不那么容易被欺骗了！

别踩排名的坑

通过看排名购买基金就是一个巨大的陷阱，不管是公募基金还是私募基金，都是这样的逻辑。之前芒叔跟我说，他拒绝参与任何基金排名，我还对此有过疑问，后来我越来越能理解他的用意了。

2019 年，我为了测试一个排名第一的私募基金产品，投了 100 万元，结果不到一年，这个产品亏了 40 万元，然后它为了不触发清盘（因为一旦清盘，一分钱管理费都没有），将仓位降到极低，每天的净值波动都是百分之零点几。你要知道，前一年这家公司的一个产品一年可以获得几倍的收益，其余的产品也都获得了盈利，那为什么一年后在基金经理没变的情况下会出现这么大的落差呢？

原来奥秘就在排名里，开放排名的网站和 App 可以帮助它们的私募公司客户屏蔽所有亏损的产品，只留下赚钱的产品，让大家误以为这家公司的所有产品都赚钱。或者这家公司发行了几十个产品，偶尔会出现 1 ~ 2 个高收益产品，开放排名的网站和 App 会将高收益产品放到排名中，帮助这家公司诱惑"新韭菜"！说实话，我之所以购买这家公司的产品，一方面主要想了解这家公司到底有多厉害；另一方面也存有侥幸心理，感觉自己不会亏那么多。结果令人大跌眼镜，说实话，在赎回的时候我也很心疼，毕竟 40 万元就这样没了。

公募基金也和私募基金一样，大家绝对不能通过看排名购买它们，一般前一年排名前十的产品，后一年的业绩都会很惨。因为这些产品都是靠侥幸重仓押中 1 ~ 2 只股票，这样做的结果就是要么收益特别好，要么亏得特别惨。

这些排名在前的基金，几乎都有营销需求，它们吃准了散户的心理，即专买排名靠前的基金。殊不知，集中持股一旦押对了，业绩就好；一旦押错了，业绩就差。而且很多业绩爆发的基金也代表一个基金经理的冒险风格，所以一旦押错了，亏的钱特别多。大部分主动管理型的公募基金有着相同的命运，它们不能很好地稳定业绩。因为影响主动管理型基金的因素太多了，如市场环境、基金经理、行业特征等。其中每一个不确定的因素都会造成主动管理型基金业绩的大幅变化，也许某只主动管理型的公募基金今年赚的钱多了，但是明年又亏了，从长期来看基本跑不赢指数基金。这也是我一直强调"大家如果要买公募基金就买指数基金"的主要原因，它比较稳定，"踩雷"的概率几乎没有。我们进行价值投资的核心理念就是：稳定压倒一切！

我们再看一下追踪沪深 300 指数的某只增强型指数基金的业绩情况，如表 1-1 所示，它的近三年收益率约为 34%，平均一年的收益率约为 11%，而同期沪深 300 指数的三年收益率约为 13%，它大概跑赢沪深 300 指数 21 个百分点，业绩还是相当好的。随着时间的累计，它的排名越来越好，这说明该基金业绩长期稳定，近一年的排名是 418（总 795），处在中等还偏下的水平，并不起眼。如果通过看排名购买基金，那么你根本找不到它。但是近两年它的排名就上升到了 152（总 620），这绝对是上等水平了。如果看三年业绩，它更是排名 52（总 483），靠近前 10% 了。

表 1-1　追踪沪深 300 指数的某只增强型指数基金的业绩（基准日期：2021 年 6 月 15 日）

时间	近 1 周	近 1 月	近 3 月	近 6 月	今年来	近 1 年	近 2 年	近 3 年
阶段涨幅	1.12%	4.92%	-2.93%	-1.04%	-4.59%	2.92%	13.17%	34.18%
同类平均	-0.44%	3.33%	-1.84%	3.74%	-1.48%	5.49%	4.57%	8.55%
沪深 300 指数	2.16%	6.14%	-2.28%	0.66%	-4.49%	-0.02%	4.14%	13.75%
跟踪标的	2.16%	6.14%	-2.28%	0.66%	-4.49%	-0.02%	4.14%	13.75%
同类排名	209/1 075	288/1 065	582/1 026	646/913	618/1 003	418/795	152/620	52/483

　　如果你一定要看排名，那么请看一类基金 10 年期排名的前
10 名，这个排名很值得大家关注，还有一定的参考价值，但是也
要看某只基金是不是因为在某一年收益特别高，所以总体排名才
会高。例如，有的基金可能在第 1 年赚了 10 年中 90% 的利润，
但是后面几乎不赚钱，虽然它的总收益可能还可以，但是这种基
金其实并不值得大家购买！总之，大家要寻找业绩稳定的基金，
这样你省心，业绩也可期，不要让买基金像买彩票一样，中奖了
就赚很多钱，否则就亏掉本金！

精选留言

解脱：

我一般先选大型的基金，因为大型基金的研发团队应该还不错，
旗下的产品也不至于被清盘。

十点：

这也不一定，但是大型基金肯定更有保障，不过只要是指数基
金，它就跟基金公司和基金经理的关系不太大了。

雷××：

很多散户和基民只看排名买基金，其实这是一个很大的误区，基
金经理和医生不一样，医生不可能状态起伏很大，但基金经理一
旦踩错点位或重仓错误的个股，就会失败。

十点：

所以购买指数基金的确定性更大！

上善若水：

老师讲得太对了，我以前买基金，就是按上一年度的排名选择基金，结果就亏损了，资金被套了很多年，现在还有一只基金没有回本，最终忍痛"割肉"。今天我才知道原因，请老师多讲讲类似的事情，为散户指点迷津，让我们少走弯路，不赔辛苦钱。

十点：

这是刻骨铭心的经历了！

第二章

为何定投

学会这一招，让你轻松战胜 70% 的人

股票能赚钱吗？答案是肯定的。A 股上证指数从 1990 年的 100 点涨到 2020 年的 3 000 多点，再加上股息收益，复合年化收益率为 12% 左右。但是炒股的人都赚钱了吗？显然不是。

在许多交易软件里有一个功能叫作投资组合，我们可以自己构建虚拟投资组合，将虚拟投资组合的收益与别人的投资组合收益进行对比。曾经有人做了一个组合，它没有任何证券，100% 都是现金。这个纯现金组合的收益截至 2017 年 5 月底战胜了 68.48% 的其他组合，换句话说，有近 70% 的投资者是亏钱的。所以 A 股流传的"七亏二平一盈"的说法还是有道理的。

传统的投资观念认为，买股票就应该选择那些利润增长率较高的公司，因为股票的长期收益率主要依赖公司的利润增长率。另外，对于那些优秀的公司，我们宁可放弃分红，也要让公司把利润留下来进行再投资，从而获取更高的回报。但是《投资者的未来》这本书却告诉我们，这些看法是错误的。实际上，股票的长期收益并不依赖公司的实际利润增长情况，而是取决于实际的利润增长与投资者预期的利润增长之间的差异。不管真实的利润增长率是高还是低，只要它超过了市场预期的水平，投资者就能

赢得高额收益。例如，A 公司的实际利润增长率为 10%，但是市场的预期增长率是 15%，而 B 公司的实际利润增长率为 3%，但市场的预期增长率只有 1%，相比而言后者更值得我们投资。所以大家千万不要在过高的预期下买入股票（与实际利润增长不匹配的市盈率），而应该去寻找实际利润增长率有可能超过市场预期增长率的公司的股票，也就是被市场低估的股票。《投资者的未来》的作者在对标准普尔 500 指数的历史趋势和收益率进行深入的分析研究之后，对价值投资中一些经典的论断提出了新的观点，有些观点甚至否定了价值投资者一直坚持的投资方法。所以这本书可以被看作一个价值投资的拥趸在总结历史经验的基础上，对价值投资的一次自我批判和深刻思考，同时也提出了未来我们应该采取的更好的投资策略。

但是并非所有人都能轻而易举地找到被市场低估的且有价值的股票。

除了按照上面所讲的那样做，其实还有一种方法，该方法可以让你每年只花少量时间，就能跑赢 70% 以上的市场参与者，还能获得不错的收益，这种方法就是我之前一直向大家推荐的定投指数基金。巴菲特也多次在公开场合向普通投资者推荐指数基金。他曾说："对于普通人，如果不懂投资，我建议要高度分散投资。从长期来看，经济一定会越来越好。普通人只须注意一点，别在价格太贵或不该买的时候买入。大多数人应该购买低手续费的指数基金，然后长期定投。"国内也有越来越多的投资者认识到定投指数基金的好处并投身其中。我身边不少朋友都通过定投指数基金获得了不错的收益。

10 年后，你是富人

美股纳斯达克指数在过去 10 年涨了约 6.5 倍，但是其中竟然
有超过 60% 的股票没有上涨。大家都知道，美股这轮大周期已经
涨了 10 年，其中纳斯达克指数从 2009 年的 1 200 点上涨至 2019
年年末的 8 900 多点，涨幅约 650%。但是据统计，目前（2019
年 12 月）纳斯达克上市公司总计 2 800 家，其中有大约 300 家公
司在过去 10 年间的股价涨幅超过 650%，也就是股价跑赢纳斯达
克指数；有 1 100 家公司的股价涨幅小于 0，也就是没有涨。另
外，过去 10 年间还有 1 800 多家上市公司退市。所以，算上这些
退市的公司，纳斯达克在过去 10 年间存在过的 4 600 家公司中，
仅有 300 家公司的股价跑赢纳斯达克指数，占比不到 10%，而有
近 2 900 家公司的股价没有上涨，占比接近 70%。用一句话总结
就是，纳斯达克指数 10 年间涨了约 650%，但是股价跑赢它的公
司不到 1 成，还有近 7 成公司的股价没有涨！

成熟市场的现状就是这样，我国股市也在慢慢走向成熟，当
参与市场的主体都转向价值投资后，不好的公司，尤其是靠概念
或故事来炒作的公司将永无翻身之日。在未来的中国股市，如
果你不转型做价值投资，就很可能没有生存空间，早转型，早
赚钱。

而真正的价值投资者，真的每个人都能赚钱吗？答案是肯定
的！有人又开始担心了，所有人都赚钱了，那么谁亏钱呢？首
先，价值投资的盈利来自上市公司的利润增长，而不是投机的博

弈，所以价值投资不是零和游戏。而提这种问题的人，他本身就是一个把股市当作"赌场"的人。其次，再成熟的市场也会有一部分人投机博弈，再加上中国股市的散户群体非常大，其中真正能够转型价值投资的人不会超过 10%，而 90% 的人依然会在这个市场里追涨杀跌，给市场带来波动收益。所以芒叔说，近些年还有每年 15% 的波动收益可赚，这些收益就是那些散户恐慌的追涨杀跌行为带给市场的利润。经过以上分析，请你问一下自己，是要做那个 90% 的市场波动收益贡献者，还是做那 10% 的稳定赚取价值投资收益的人？

转型价值投资真的那么难吗？答案是否定的！大部分人不转向价值投资的原因就是觉得赚钱太慢了，他们拒绝慢慢变富，总希望一夜暴富！但是，那些希望在股市里一夜暴富的人们，"辛苦"了 10 年、20 年后大多只会让自己慢慢"变负"。如果你正经历这些，那么当前就是最好的"变正"时刻，历史机遇又一次来到你的身边。只要买入指数基金，有多少钱买入多少钱，你就是一个成功的价值投资者了。

从 2009—2019 年，在纳斯达克上市的公司（包括已退市的）中只有不到 10% 的公司的股价跑赢了纳斯达克指数，也就是说，在美国这种 10 年大牛市的环境中，如果你买的是个股，大概只有 10% 跑赢指数的概率，你问一下自己，有这个能力吗？而纳斯达克指数在 10 年中上涨约 650%，增强型的纳斯达克指数基金一般 10 年能够超越纳斯达克指数 100 ～ 200 个百分点，也就是说，如果你买入增强型的纳斯达克指数基金，10 年后，可能获得 750% ～ 850% 的收益。关键是你什么事也不用管，每天只负责快乐生活，快乐工作，把原来用于追涨杀跌的时间，以及纠结买卖的时间，都用于刻苦工作和用心生活。刻苦工作 10 年后，我相信你的事业也会小有成就，"生产"出更多购买指数的钱，再加上可观的投资收益，10 年后你不知不觉就成了有钱人！

精选留言

老叶：
好励志的言语！十点可以做一个激励大师。

十点：
只要我讲的内容是事实，再激励的言语也是在利他！

Iverson：
大家要理解很多散户的心态：一万年太久，只争朝夕。很多散户并不追求像巴菲特那种年老了拥有数百亿美元的事情。人都老了，要钱做什么？我们要在年轻时有钱去享乐。双方的根本目的不同。

十点：
你觉得巴菲特是等到年纪大了才一下子挣到数百亿美元的吗？只要你认准了价值投资，在变富的路上你就是一路领先，在这个过程中你已经是一个富有者，而且是一个快乐的富有者。同时，别人跟你的差距也越来越大。

某网友留言：
十点老师，10 年前股市大盘大概是 3 000 点，现在还是 3 000 点左右。A 股一直在原地踏步，还适合做指数基金定投吗?

十点:

这是一个狭隘的理解，尽管综合指数表现为这样，但是定投宽基指数基金的年化收益率还可以达到 6% ~ 8%，这远超银行理财产品的年化收益率，更超越 99% 的散户业绩。

昌哥:

"大部分人不转向价值投资的原因就是觉得赚钱太慢了，他们拒绝慢慢变富，总希望一夜暴富"。我认为这就是大部分人在股市奋斗 10 年、20 年，但结果还是亏损的真正原因，他们认为做指数基金定投很保守，一年才涨几个点或十几个点，自己抓 2 个涨停板就完胜了。这么长时间以来，我通过看老师的文章，坚信在保本的基础上慢慢变富才是王道!

某网友留言:

通过购买基金获取收益的关键是要会卖。

十点:

这里说的会卖又变成了小部分人能够做到的事情，我介绍一种大家都适用的方法，就是长期持有增强型的沪深 300 指数基金。按照前 6 年的业绩，普通沪深 300 指数基金在 2013—2019 年的总收益率约为 70%，平均一年的收益率约为 11.6%，这对我们大部分还处在亏损阶段的人来说是相当好的选择。如果大家能选择增强型的沪深 300 指数基金，2013—2019 年的总收益率大概是 150%，平均一年的收益率大概是 25%。

又见海棠依旧：

我很赞同文章的理念，无数事实都证明了定投指数基金的正确性。不过每个人的人生阶段不同，就好像40岁的男人应该做有把握的事，毕竟上有老下有小；但是年轻人可以去做一些高赔率的事情，尝试搏一搏，只要不加杠杆，不用家里的钱，我觉得这些事情都可以被接受，这也是一种磨炼。不过，年轻人一定要不断学习，并且不能对这类事情上瘾，其实这也很难做到。

xin启：

在人生路上有缘认识十点老师是我的福分，我在2007年股市最火爆的时候看见别人赚钱了，也用20万元入市，当时有些上班族都不上班了，每天都挤在证券公司大厅看股市行情，在小电脑上买卖股票，但是在股市12年，我一直亏钱，本金仅剩几万元，这也导致了我的家庭矛盾，我精神上也受到了打击，无心上班。看到您的文章后，您的价值投资理念吸引了我，我也参加了十点悦读会学习价值投资的理论，然后用剩余的几万元买了老师说的指数基金。以前我盼着股市涨，天天盯盘，现在盼着股市跌，越跌越买，我的心情坦然了，也能安心上班了。从此我要紧紧跟着老师，践行价值投资理念，把亏的血汗钱赚回来，在这里衷心感谢老师！

十点：

你会把亏的钱赚回来的，接下来拿出一部分工资也定投指数基金，若干年后赚回本金肯定没问题。

定投指数基金解决亏钱问题

我之前收到过一条粉丝留言，内容如下。

我投资股票很多年，总体还是亏本的，一年半以前尝试进行了一个小额的定投，刚刚看了一下，我一共持有基金525天，赢利33.67%。这充分说明十点的定投理念是正确的，追涨杀跌不是我们普通人能做的事。最关键的是，盈利是按投入总额计算的，资金却是一期一期投入的。

这条粉丝留言很有代表性，这个粉丝从怀疑到自己亲自验证，最后说服自己放弃短线博弈投机，真正走上价值投资的道路。我觉得每个人都会经历这样一个过程。**从我第一次建议大家定投一直到现在（2020年），差不多两年过去了，我的很多粉丝都已经逐步放弃短线交易，转向定投指数基金，然后把剩余的精力放到本职工作和家庭生活上了，他们都发生了翻天覆地的变化。**但是大部分人之前走过很多年的"黑暗之路"，代价是沉重的。所以我希望后来者，尤其是新股民不要再走一遍这样的道路，要学会用别人的弯路、教训调整自己的选择。另外，很多老股民依然不肯放弃，还抱有侥幸心理，希望买到天天涨停的牛股，然后一夜暴富，或者想一下子赚回亏损的钱。**但是这种操作的结局只有一个：那就是越亏越多。请放心，不会有其他的结果，如果你们还不信，可以继续用10年时光来换取教训。**

继续回到这个粉丝留言的话题，我估计如果他自己操作股票，基本是追涨杀跌，不可能赚钱。**但是通过定投，他获得了 33.67% 的收益率，大概跑赢同期大盘 28 个百分点，而且这是一期一期投入之后按总额计算的结果，实际收益率肯定更高。但我觉得具体收益率是多少已经不重要了，反正他已经超越 90% 以上的基金经理了，而且他自己非常轻松和快乐！**

我现在不清楚这个粉丝具体买了哪个指数的基金，但是，无论他买了哪个指数，在 512 天后都是赚钱的，只是赚多少的问题。请问大家那么辛苦地操作股票，在这 512 天中有多少人是赚钱的？ 在公众号上讲到这里时，我发起了一个投票，投票结果如图 2-1 所示。

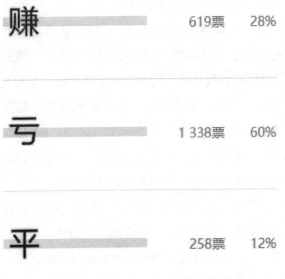

图 2-1　操作股票 512 天的收益情况

而如果你们买入任意指数基金，可能的业绩如下所示（特别注意：以下收益都是分批投入的收益，大家可以到我 2020 年 4 月 16 日发表的文章中去看具体基金代码及收益，再次提醒，我的微信公众号是：拾个点）。

第一，定投某只上证 50 指数基金。从 2018 年 7 月 3 日开始定投，到 2020 年 4 月 15 日，每周定投 1 000 元，定投收益率为 14.30%，1 年多时间能存下 9.2 万元本金，获得盈利 13 155.71 元，总资产约为 10.515 5 万元，如图 2-2 所示。

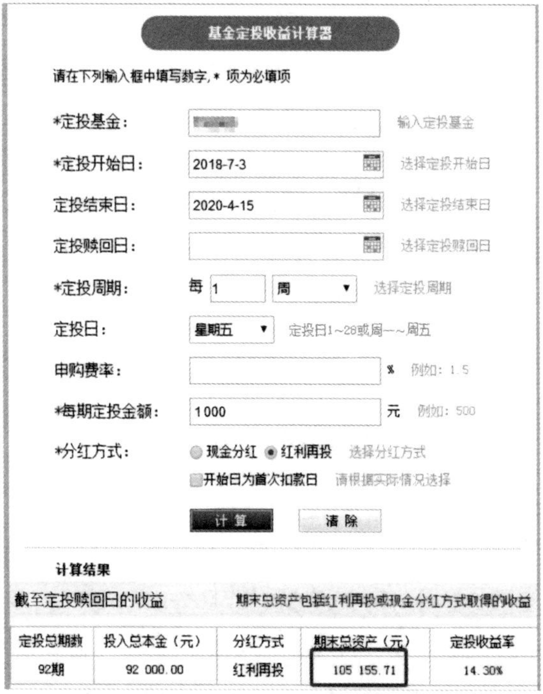

图 2-2　定投某只上证 50 指数基金的收益情况
（2018 年 7 月 3 日—2020 年 4 月 15 日）

第二，定投某只沪深 300 指数基金。每周定投 1 000 元，定投收益率为 8.36%，1 年多时间能存下 9.2 万元本金，获得盈利 7 695.67 元，总资产约为 9.969 5 万元，如图 2-3 所示。

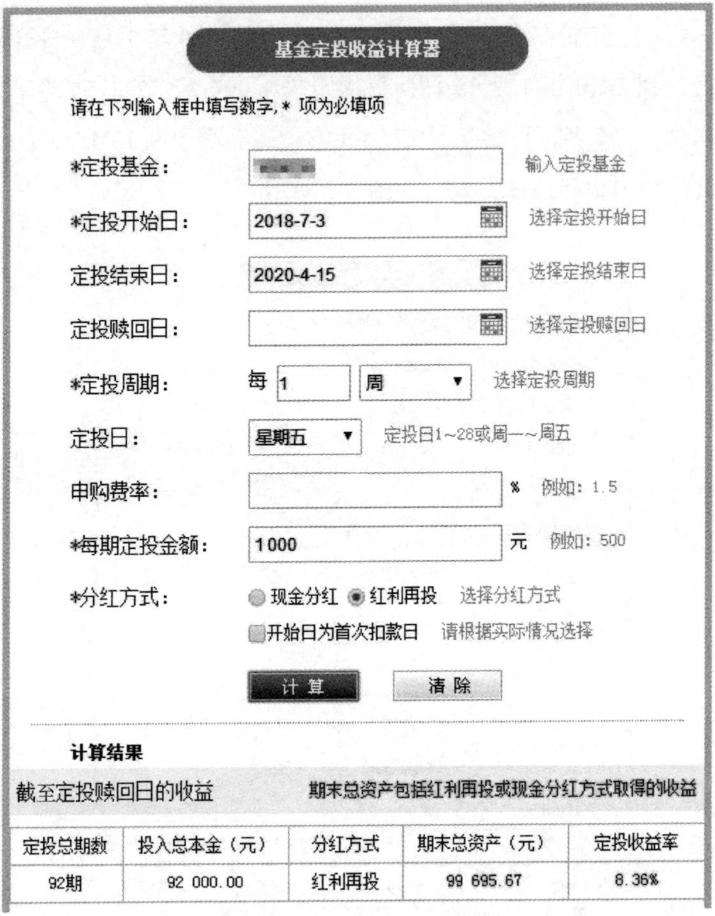

基金定投收益计算器

请在下列输入框中填写数字，* 项为必填项

*定投基金：		输入定投基金
*定投开始日：	2018-7-3	选择定投开始日
定投结束日：	2020-4-15	选择定投结束日
定投赎回日：		选择定投赎回日
*定投周期：	每 1 周 ▼	选择定投周期
定投日：	星期五 ▼	定投日1~28或周一~周五
申购费率：	%	例如：1.5
*每期定投金额：	1000 元	例如：500
*分红方式：	○现金分红 ●红利再投	选择分红方式
	□开始日为首次扣款日	请根据实际情况选择

计 算   清 除

计算结果

截至定投赎回日的收益　　　期末总资产包括红利再投或现金分红方式取得的收益

定投总期数	投入总本金（元）	分红方式	期末总资产（元）	定投收益率
92期	92 000.00	红利再投	99 695.67	8.36%

图 2-3　定投某只沪深 300 指数基金的收益情况
（2018 年 7 月 3 日—2020 年 4 月 15 日）

第三，定投某只中证 500 指数基金。每周定投 1 000 元，定投收益率为 13.27%，1 年多时间能存下 9.2 万元本金，获得盈利12 211.66 元，总资产约为 10.421 1 万元，如图 2-4 所示。

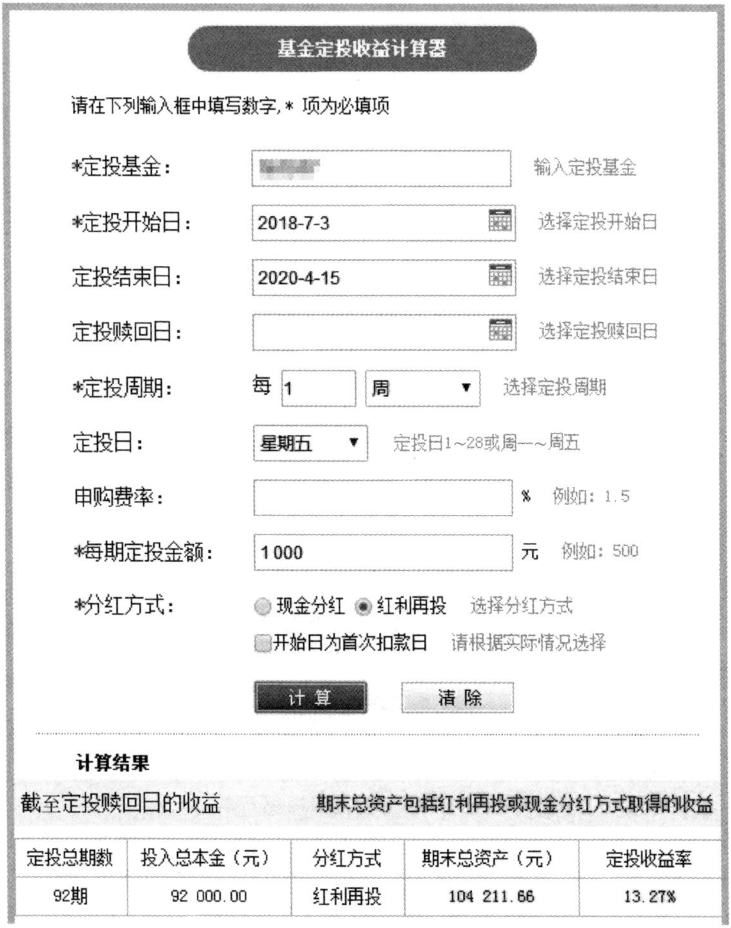

基金定投收益计算器

请在下列输入框中填写数字，* 项为必填项

*定投基金：	▓▓▓▓	输入定投基金
*定投开始日：	2018-7-3 📅	选择定投开始日
定投结束日：	2020-4-15 📅	选择定投结束日
定投赎回日：	📅	选择定投赎回日
*定投周期：	每 1　周 ▼	选择定投周期
定投日：	星期五 ▼	定投日1～28或周一～周五
申购费率：	％	例如：1.5
*每期定投金额：	1000 元	例如：500
*分红方式：	○现金分红 ●红利再投　选择分红方式	
	□开始日为首次扣款日　请根据实际情况选择	

计　算　　　清　除

计算结果

截至定投赎回日的收益　　　期末总资产包括红利再投或现金分红方式取得的收益

定投总期数	投入总本金（元）	分红方式	期末总资产（元）	定投收益率
92期	92 000.00	红利再投	104 211.66	13.27%

图 2-4　定投某只中证 500 指数基金的收益情况
（2018 年 7 月 3 日—2020 年 4 月 15 日）

第四，定投某只创业板指数基金。每周定投 1 000 元，定投收益率为 43.73%，1 年多时间能存下 9.2 万元本金，获得盈利40 233.96 元，总资产约为 13.223 3 万元，如图 2-5 所示。

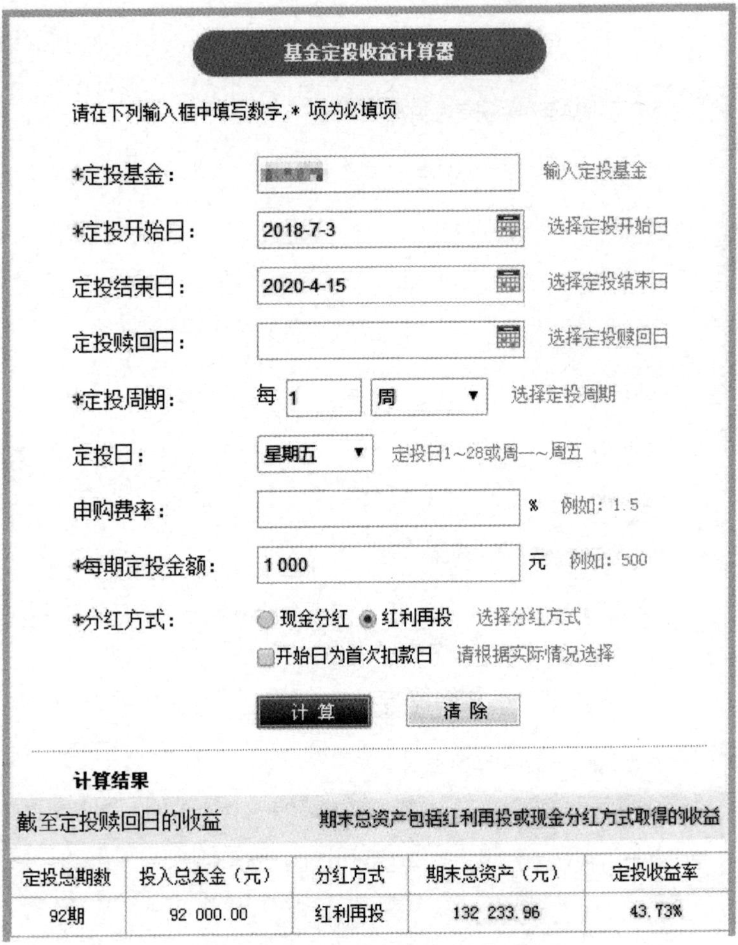

图 2-5　定投某只创业板指数基金的收益情况
（2018 年 7 月 3 日—2020 年 4 月 15 日）

特别注意：不要认为创业板指数基金的盈利最多，所以它一定是最好的，这只能代表某个阶段的情况。定投志在长远，如果将时间拉长到 10 年，这几只指数基金的盈利几乎没有差别。但是如果在低位你投的钱多，那么收益差距会很大。大家选择指数基金定投，从长期来看，就可以完美解决在股市亏钱的问题，但是短期内依然可能会亏钱，大家必须明白这一点，不过请忘记账面浮亏。

精选留言

某网友留言：

大盘指数从年初到年末都没有什么变化，那这一年就相当于没有收益了吗？

十点：

不是这样的，如果市场在波动，而你是分批投入资金的，那么对于在低位买入的筹码，你也会赚钱。

为什么定投两年还亏损 16%

之前我们说过，定投可以解决长期的亏损问题，那么这个长期到底是多久呢？根据目前（2022 年 5 月）的历史经验判断，这段时间一般最多为 2 ~ 3 年，其间最大账面亏损幅度可能会达到 15% 左右。例如，在 2015 年，从大盘最高点 5 178.19 点开始定投，定投到大盘最低点 2 638.30 点时，如图 2-6 所示，大概亏损多少呢？

图 2-6　大盘从 5 178.19 点到 2 638.30 点

假设我们从 5 178.19 点（2015 年 6 月 18 日）开始，每周定投 1 000 元，定投到 2016 年 1 月 27 日的 2 638.30 点，在大盘被拦腰折断，下跌 50% 的情况下，**我们的定投收益率为 -14.75%**（**不同的指数基金业绩有所差别，我们以一只具有代表性的沪深 300 增强型指数基金为例，这个产品的业绩偏中等**），如图 2-7 所示，这是比较极端的行情了。

如果我们再定投 3 个月，差不多到 2016 年 4 月 15 日左右，**大盘反弹了** 15%，**很快就几乎能够回本了**，如图 2-8 所示。而大部分散户自己做股票时，如果出现亏损，往往几年都回不了本。更有甚者，这辈子都不可能回本，只会越亏越多，还花费了许多精力。也就是说,定投不到 1 年,在大盘很极端的情况下,从最高点开始定投,基本也可以做到持平不亏,所以定投很好地规避了系统性风险。

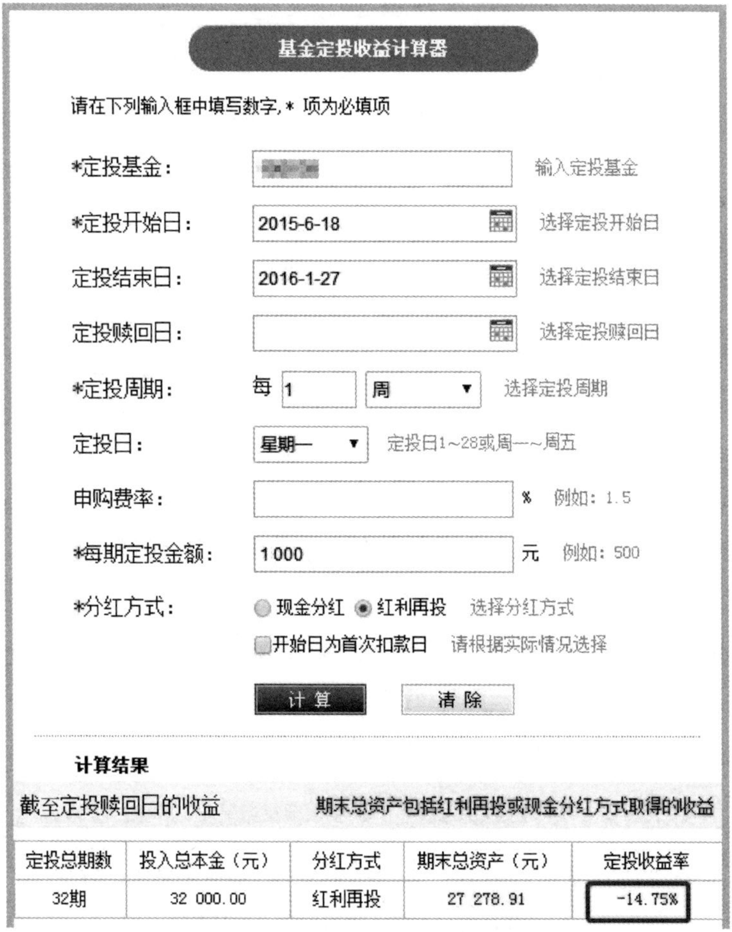

图 2-7 定投某只沪深 300 增强型指数基金的收益
(2015 年 6 月 18 日—2016 年 1 月 27 日)

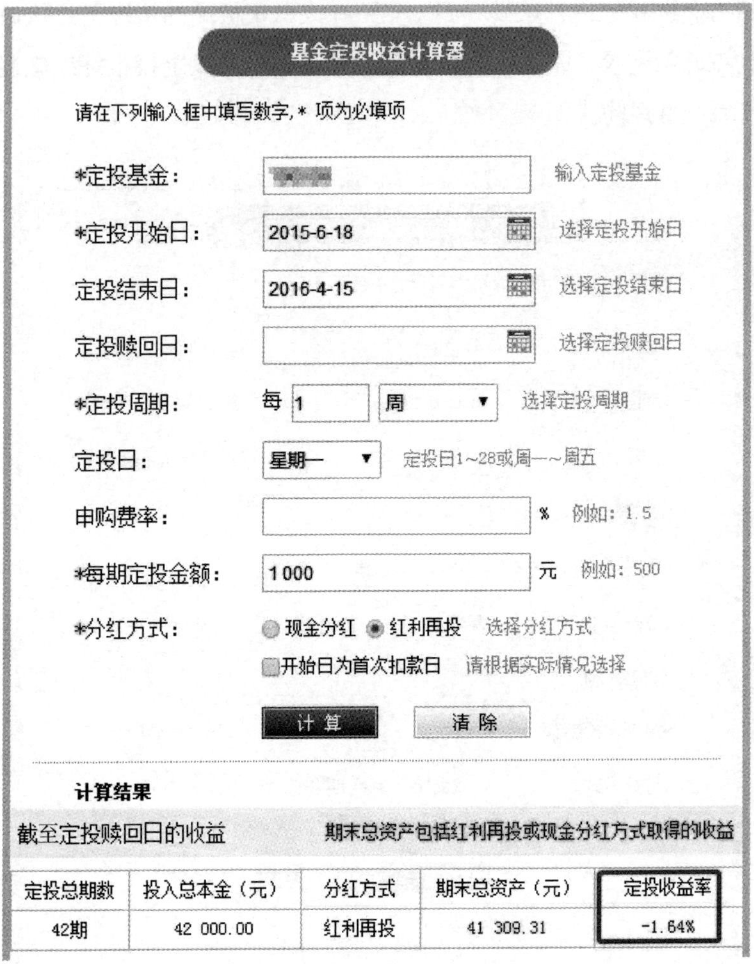

图 2-8　定投某只沪深 300 增强型指数基金的收益
（2015 年 6 月 18 日—2016 年 4 月 15 日）

　　我们再看一下定投创业板指数基金的情况，上一节我讲过，**定投某只创业板指数基金 1 年多，可以获得 43.73% 的定投收益**

率，如图 2-5 所示。

在这期间，创业板指数上涨了 25.93%，如图 2-9 所示，但是我们买入的指数基金的整体收益率为 43.73%（而且这是分批买入的，如果按照初始资金和持有时间来计算，所获得的收益远远大于这个数字）。**为什么能有如此高的收益呢？这就是在下跌时期买入指数基金的好处，下面看具体的分析！**

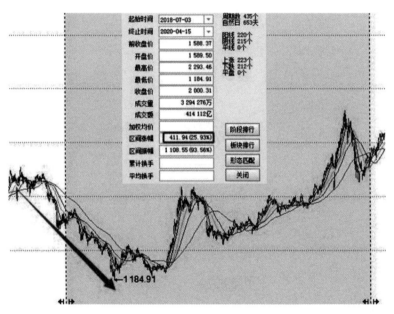

图 2-9　创业板指数涨幅情况（2018 年 7 月 3 日—2020 年 4 月 15 日）

如果在更早的高位买入指数基金，你可以赚更多的钱。我还是拿这只创业板指数基金来举例说明，假如你从更早的 2016 年 12 月 1 日开始定投，定投到 2020 年 4 月 15 日，差不多有 3 年 4 个月的时间，**总共投入本金 15 万元，总收益有 69 780.03 元，最**

终总资产约为 21.978 0 万元，如图 2-10 所示。这期间创业板指
数跌幅最高达到 44%，几乎是拦腰折断，但是你的定投收益率还
是达到了 46.52%。

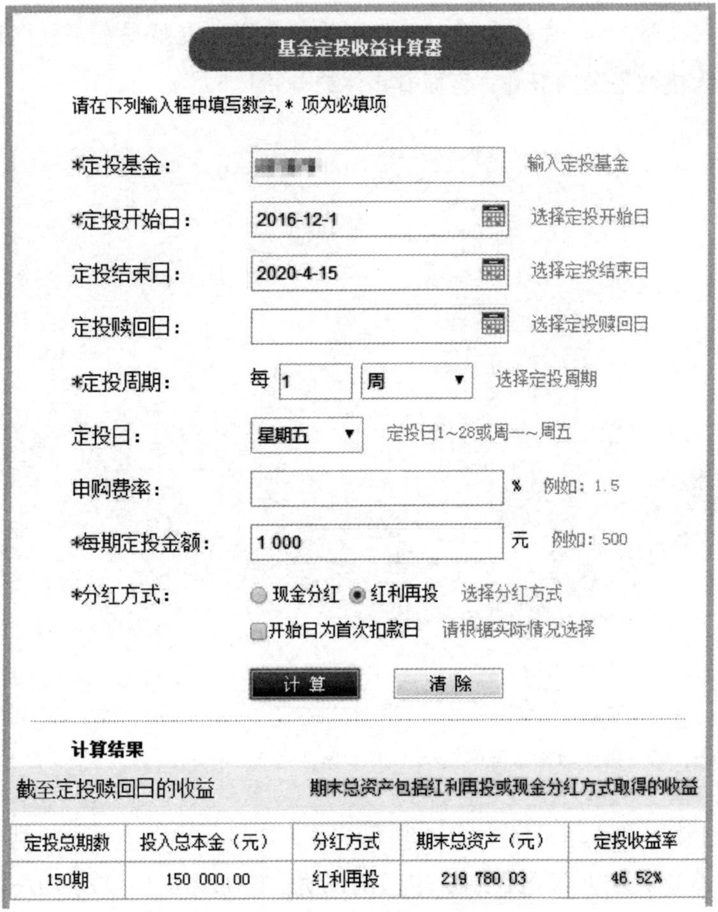

图 2-10 定投某只创业板指数基金的收益
（2016 年 12 月 1 日—2020 年 4 月 15 日）

　　因为刚刚定投买入的基金的持有时间还不到 1 个星期，但是这笔钱也被计算在总收益的本金里面了，所以实际总收益率还要更高。**所以我们在定投的时候，下跌的时间越长，其实对我们越有利，因为我们可以买入更多廉价的筹码，未来的潜在收益总额也会更高。** 这也是我常说的：定投后马上获得盈利绝对是坏事。如果市场处于低估状态，我真心希望大家多买入一些低位筹码，这样未来的收益会非常可观。

　　但是，如果你们还是短线思维，希望今天买入，明天就能赚钱，那么你肯定坚持不了这么长时间的定投。假如你从 2016 年 12 月 1 日开始定投创业板指数，一开始的两年，也许你会很"惨"，这个"惨"字一定要打引号，因为再过 1 年，你将会十分开心。但是从短线思维来看，其实这段时间也不算太短，差不多将近两年，你做了两年的定投，账面却还是亏损 16.51%，如图 2-11 所示。这时，我不知道你们有多少人还会坚持继续定投。我敢肯定，如果你只是听信了我的话去定投，而不是自己想明白道理后再定投，那时你肯定会在心里埋怨我了，觉得定投是骗人的。**但我现在提前跟你们讲清楚这个事情，你们就知道定投两年后还亏损是一件多么幸福的事。** 我感觉从历史角度来看：如果你从 2001 年开始定投，定投到 2005 年年底，5 年时间买了足够多的廉价筹码，然后碰到 2006 年和 2007 年这两年的大牛市，你完全可以赚得盆满钵满，估计有几十倍的收益。因为 2006 年指数基金的收益普遍在 5 倍左右，2007 年的收益也差不多是 5 倍，两年复合 25 倍的收益，但有多少老股民在那波大牛市中赚了 20 倍以上的收益？讲到这里，你们还觉得定投指数基金赚不到更多钱吗？我最后再强调一下：放低预期，先不要想那么高的收益，大家先解决不在股市亏钱这件事，定投完全可以一招制胜！

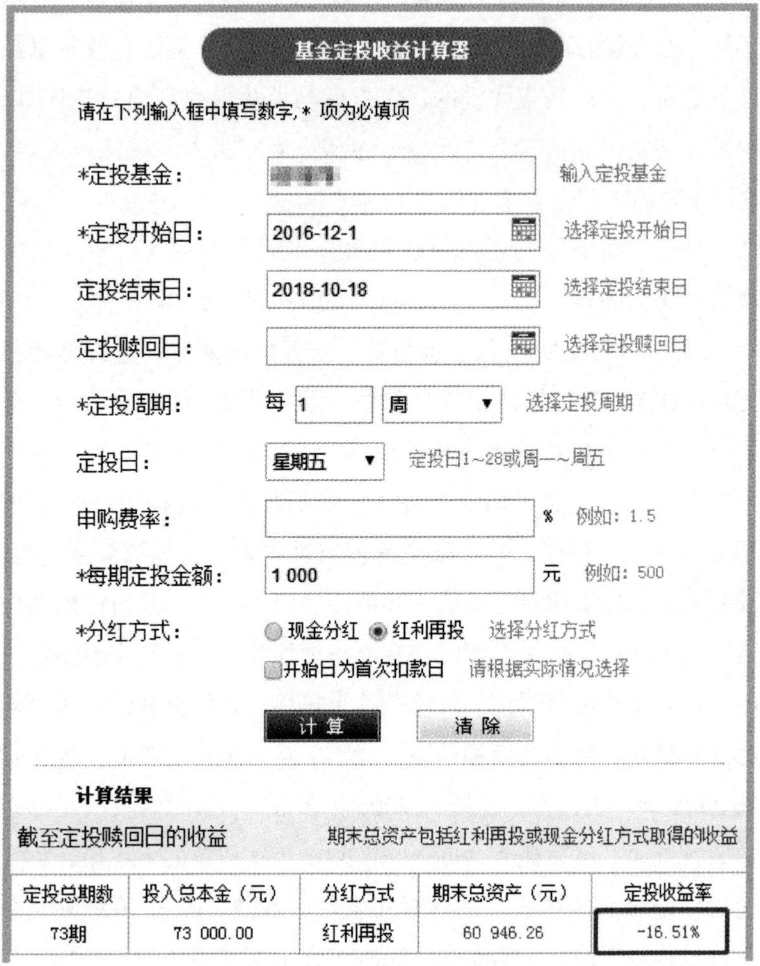

基金定投收益计算器

请在下列输入框中填写数字，* 项为必填项

*定投基金：	▨▨▨	输入定投基金
*定投开始日：	2016-12-1 ▦	选择定投开始日
定投结束日：	2018-10-18 ▦	选择定投结束日
定投赎回日：	▦	选择定投赎回日
*定投周期：	每 1 周 ▾	选择定投周期
定投日：	星期五 ▾	定投日1~28或周一~周五
申购费率：	%	例如：1.5
*每期定投金额：	1 000	元 例如：500
*分红方式：	○现金分红 ●红利再投	选择分红方式
	□开始日为首次扣款日	请根据实际情况选择

计 算　　**清 除**

计算结果

截至定投赎回日的收益　　　期末总资产包括红利再投或现金分红方式取得的收益

定投总期数	投入总本金（元）	分红方式	期末总资产（元）	定投收益率
73期	73 000.00	红利再投	60 946.26	-16.51%

图 2-11　定投某只创业板指数基金的收益

（2016 年 12 月 1 日—2018 年 10 月 18 日）

大家先要保证不亏损，尤其是在市场下跌的时候，保证不亏损或少亏损，只要来一波行情，指数基金永远不会落下。而如果你依靠预测和短线去投机，在运气好的时候能赚一点钱，在运气差的时候就会大幅度亏损，总体而言永远赚不到钱，甚至还会亏损很多，最终心力交瘁。**而如果你把同样的心思和精力放在本职工作上，创造更多可用于定投的现金收入，你会加速财富的积累，走向财务自由只是时间问题，所以越早开始定投越好！**

精选留言

（此处粉丝留言涉及个股解答，故不进行展现！）

十点：

你是新朋友，我给你讲一下：从今天开始不要请别人解答个股，更不要请别人推荐个股。首先，没有人有这个能力预测某只个股后面的涨幅情况；其次，能给你解答得头头是道的人，基本都是靠嘴吃饭的，除了误导你没有什么作用。我永远不会推荐股票，也永远不会解答个股，但是我会分析公司的优劣情况！

福：

老师，没有几个散户可以持有股票两年以上吧？就算他们能坚持下去，应该也没有那么多资金用来定投吧？大部分人持有股票半年左右还浮亏时，心态基本就崩溃了。我曾经就是这样过来的，不过我按照你的策略操作（基金占6成、股票占4成）之后，心态好多了！

宁静致远：

我看了老师的推文后一直坚持定投，但是老师说定投初期就赚钱不是一件好事，那么在这种情况下我应该赎回收益部分，还是坚持定投呢？老师已经告诉我们定投的重要性了，可不可以写一篇关于定投止盈的文章？

十点：

在市场一直处于低位时，你要做的事就是尽可能地多买入基金。

我的方法很慢，但都有效

我先给大家看一条粉丝留言，我认为这是我们绝大多数散户在投资初期的心理，包括我在内，所以这是一个典型的问题。

如果我不缺钱，当然可以慢慢定投，但是我认为没有意义，定投指数基金 10 年能跑赢银行存款吗？

很多散户都会有类似的想法，感觉定投指数基金赚钱太少，意义不大，或者感觉股票赚钱更快，指数赚钱太慢，定投指数基金的周期太长。这听起来似乎有道理，但实际上毫无道理。**首先，大家在股市并不能快速地赚到钱**。实际上，在股市赚钱需要我们慢慢积累经验，是最难的事情。我们中的大部分人也许花费一辈子的时间研究股市，但 90% 的人依然赚不到钱，甚至大幅度亏损。有些人在股市一天就亏掉了辛辛苦苦上班积累的资金，这是正常事。而如果你将精力和时间投入另一件事，且坚持 10 年以上，赚钱的概率几乎是 100%！所以我建议大部分人不要把人生的主业放在股市，否则你很可能被耽误一辈子。**其次，股市专治各种"不服"**。如果你越"输"越不甘心，那么你只会越亏越多，因为股市里面的"聪明人"赚的就是那些在利益面前"零智商"的人的钱。所以在股市赚钱与你的学历、背景和实力都无关，只跟你的情绪有关。你能在利益面前保持清醒的头脑，**情绪不受 K 线控制，那么股市就是你的"取款机"，否则就是你的"存款机"**。知道以上两点后，大家再重新定位自己在股市的角色，如果你认为自己是一个"投资天才"，那么应该全身心地投入股市，努力学习，把投资当成职业去做，像芒叔这样的人，天生就适合投资，他既有兴趣又有悟性。如果你认为自己不是一个"投资天才"，那么还是安安稳稳地努力工作赚钱吧，不应该在股市花费太多的时间和精力。在工作之余根据自己的经济情况，拿出一定的闲钱定投指数基金，这样你不用花费太多的时间和精力，就能轻松超过 90% 以上的机构和散户的业绩。**这个结论不是我总结的，因为大量实践证明这是散户唯一的出路，甚至也是大部分机构投资者的出路，所以市场才会有那么多的指数基金**。巴菲特曾说："通过定期投资指数基金，一个什么都不懂的业余投资者往往能够战胜大部分专业投资者。"彼得·林奇也说过："只有少数基金经理能够长期持续战胜市场指数。"这些世界公认的投资大师绝不会信口开河，他们的智慧都源于几十年的市场实践，如果你不相信他们的话，尽管自己去试试，总之股市就是专

治各种"不服"！我 10 年后等着你来反馈，因为我们大家都在
"傻傻"地定投指数基金，你可以随便做些什么交易，10 年以后
我们将业绩对比一下。

表 2-1 统计了 2005—2018 年不同指数的年化收益情况。

表 2-1　各类指数年化收益情况（2005—2018 年）

代码	指数名称	初始时间	初始点位	截止时间	截止点位	统计周期 / 年	指数年化收益率
000300	沪深 300 指数	2005/1/31	994	2018/7/3	3 382	13.6	9.4%
000015	红利指数	2005/1/31	997	2018/7/3	2 529	13.6	7.1%
399001	深证成指	2003/12/31	3 268	2018/7/3	9 040	14.7	7.2%
000016	上证 50 指数	2004/1/30	997	2018/7/3	2 354	14.6	6.1%
000905	中证 500 指数	2005/1/31	997	2018/7/3	5 081	13.6	12.7%
399006	创业板指数	2010/6/30	986	2018/7/3	1 568	8.2	5.8%

由表 2-1 可知，从 2005 年到 2018 年，中证 500 指数的年化
收益率最高，但是从长期来看，沪深 300 指数和中证 500 指数的
年化收益率不相上下。总之，如果你定投这两个指数的基金，即
全中国最好的 800 家上市公司都在你手中，总体收益不会低。从
长远来看（10 年），你几乎没有亏钱的可能。创业板指数的短期
波动比较大，所以不适合年纪较大的人持有，而且从 2010 年到
2018 年创业板指数的年化收益率只有 5.8%。**从 2015 年到 2018
年，创业板指数连续调整了 3 年，从 2015 年最高位的 4 037 点跌**

到了 2018 年的 1 184 点，几乎跌去了四分之三。就在这样的极端情况下，你持有创业板指数 8 年也是赚钱的，而且它的年化收益率超过银行理财产品 5% 的年化收益率，你说定投指数基金赚不赚钱？

再看红利指数，它从 2005 年到 2018 年的年化收益率为 7.1%，这里面大部分是现金分红收入。也就说，**如果你投资了跟踪红利指数的基金，每年你可以稳稳地享受现金分红，这样的指数特别适合老年人，比其他理财产品安全很多**。因为红利指数背后是一堆优秀的企业，就算有几家企业倒闭也不会影响指数的上涨。而指数本身也会自动调整，剔除不好的企业，再把好的企业替换进去，所以指数不怕下跌，不怕"黑天鹅"，它是一个永生的投资产品。除非"世界毁灭"，否则它会一直存在，当然地球毁灭了，你要财富也没有意义了，这就是指数比其他理财产品都更安全的原因，因为再安全的理财产品也会有爆仓的概率。

但是，**如果你从短期来看指数，那风险就很大，因为市场会波动**。例如，你在 2015 年最高点一次性买入创业板指数基金，那么此后 3 年你都是浮亏的，估计直到 2019 年才开始赚钱。而这一年赚的钱可能超过银行理财产品 3 年的收益，所以从长期来看风险很低。那些口口声声说指数基金定投赚钱太慢的人，先看看自己能否在股市赚钱吧。**如果从长期来看你还是亏钱的，那么我建议你先解决亏钱的问题再考虑赚钱的事情，而定投指数基金是一个解决亏钱问题的有效方法**。大家不要拿难得撞到一只涨停股这种小概率事件来判定自己能在股市赚钱了，你要看 3 年、5 年后，你总体赚不赚钱！而我们通过定投指数基金，完全可以实现长期稳定赚钱的目标。另外，定投指数基金是最适合我们工薪阶层的选择，因为大家积蓄不多，只靠每月的工资积累，非常适合进行零零散散的投资，若干年以后，你不知不觉就有了一笔原始积累的"巨款"。我们核算过，如果你能长期坚持每月定投指数基金 5 000 元，10 年后你就可以存下百万元巨款。**我认为一个工薪阶层家庭一个月存下 5 000 元还是有可能的，虽然可能要省吃俭用地生活，但是这件事值得去做**。因为 10 年后你的非工资收入差不多也能达到一年 8 万元了，这虽然不能称得上财务自由，但是起码可以改善家庭生活了。而如果你继续像现在这样，即使炒股 10 年，花费大量的时间和精力，结果也很有可能亏掉本金。**如果你想暴富，那么我上面说的内容对你意义不大，因为我的方法都很慢，但真的有效。**

精选留言

Wengao：

我关注了十几个与投资相关的公众号，发现靠谱的公众号并不多，但你的文章是我每天必看的内容。我有一个问题想请教十点老师：像朱少醒这样的主动权益基金经理，买他的基金会不会比买指数基金更好呢？毕竟他用 14 年的时间管理一只基金，年化收益率还能有 20% 左右，我感觉他非常厉害，已经快接近股神巴菲特的水准了。

十点：

市场上肯定有比指数基金表现更好的基金，但是你能买中这种基金的概率比较小。我不了解你说的情况，但是某只基金前10年表现得好不代表后10年表现得也好。主动管理型基金很难被长期持有，但是指数基金未来上涨的确定性很高。我们不要拿10年时间去做不确定的事情，而应该去做确定性高的事情，这样才会有确定性的美好未来！

Wengao：

从概率和确定性上来讲，指数基金无疑胜出一筹，可以战胜90%以上的机构和散户，巴菲特的十年赌约已经证明了这一点。我相信在越来越多的改革助力下，指数基金一定会越来越好，特别是"十年磨一点"的上证指数。

a好久不见：

月收入3 000元的人也想投资。

十点：

工资低的人更应该理财，每月拿出500元来定投指数基金，10年后这笔钱也不少，至少有10万元以上。如果你努力提升自己，争取每月赚到5 000元以上，那么可以多拿出一点钱来定投，不知不觉你的财富就会越来越多。

a好久不见：

谢谢老师！我很惭愧没有早点听老师的建议，之前亏掉了1万多元，每次想起这件事都很心痛。我至今仍改不掉做短线的习惯，每天不打开同花顺看看就不舒服。

十点：

你是在2016年5月24日开始关注我的，真的是老朋友了。现在请你忘记亏损，把它看作"学费"，对股市而言，你在收入不高的时候亏的钱还不算多，随着你的收入慢慢高起来，从不亏损到赢利，你很快就能把亏的钱赚回来。你不能老想着翻本，只有忘记亏损，钱才会回来。另外，不改掉做短线的习惯只会亏损更多，把盯盘的时间用来努力学习和工作，会更有价值！

a 好久不见：

好消息是我一直坚持定投，时间有两三年了，每一期投 500 元，现在赢利了 4 000 多元。我的投资太杂乱无章了，我最近才认识到自己的短见，也准备入手一两只价值股并长期拿住它们。

十点：

你规划得挺好，慢就是快。请不要浪费每天的时间，慢慢积累，你很快就可以改变现状！

咪兄，光芒：

在 2015 年 5 月，一位朋友觉得大盘已经非常疯狂，一波牛市即将结束了，他自己已经从 4 月开始慢慢清仓了，但是他不想看着散户们的血汗钱在股市中化为泡影，所以他举了一块牌子，在当地菜市场门口站着，只希望散户赶紧离开……

十点：

这确实是一个真实事件！我们的基金经理芒叔也一直做着同样的事。

三种不同的人生

假如我们有 10 万元本金，下面假设用三种方式投资，看看哪种方式更适合普通投资者。

第一种方式：投资价值股。假如我们在 2018 年 3 月 9 日开始通过分批建仓的方法买入 A 股票，2018 年 3 月 9 日 A 股票的收盘价成本为 15 元，分批建仓方法可以降低一半的持仓成本，即平均成本为 7.5 元，截至 2020 年 11 月 2 日，A 股票的收盘价是 12.85 元，那么总收益率应该是：（12.85－7.5）÷7.5≈71.33%。

按照这个优化方案，从 2018 年 3 月到 2020 年 11 月，如果投入总资金 10 万元，现在的总资金应该是 10 万 ×（1+71.33%）=17.133 万元，但是你能做到在股价大幅下跌的时候，继续风轻云淡地买入吗？我看不一定，绝大多数人都在股价大幅下跌的时候不敢买入，甚至会"割肉"，最后亏本离场。所以大家不要把这个理想状态当作可以做到的事，实际上最后大概最多 10% 的人能做到。所以我建议大家还是将大部分资金用于定投指数基金，用小部分资金来投资股票，这样你的心态会更好，也更有可能获得股票操作上的自信和方法，未来才有可能将资金全部投资价值股。同时，我们绝大多数人当前的收入并不高，本职工作能产生的现金流有限，除去生活开销，很难存下很多钱。如果你想通过股市赚取生活费，那么结果注定是失败的，股市不会给任何人提供生活费。其实，股市里的钱是这个世界上最难赚到的钱，普通人做其他任何事情，只要专注 10 年以上，赚钱的概率是 99%，而你在股市辛劳一辈子可能不仅不赚钱反而亏钱，因为在股市赚钱不仅需要辛勤的付出，还需要具备投资天赋。而这个所谓的投资天赋，90% 的人都不具备。所以我真心实意地建议大家：把自己当作普通人，把当前主要的精力放在本职工作上，然后坚持长期定投，获得稳稳的幸福，你的人生会完全不一样！

以上是优化后的成功方案，但假如你选择一次性买入一只价值股就没那么幸运了。我还是拿上文的 A 股票举例：你在 2018 年 3 月 9 日一次性买入 10 万元的 A 股票，持有到 2020 年 11 月 2 日，将累计亏损 16%，如图 2-12 所示——投资了 2 年 8 个月还在亏损。

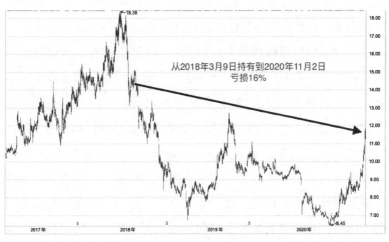

图 2-12　持有 A 股票 2 年 8 个月仍亏损 16%
（2018 年 3 月 9 日—2020 年 11 月 2 日）

第二种方式：投资指数基金。2018—2020 年大盘其实上涨了不少，哪怕你买了沪深 300 指数基金，在这 2 年 8 个月的时间里，也有 15% 的收益，如图 2-13 所示。

图 2-13 沪深 300 指数 2 年 8 个月上涨 15%
（2018 年 3 月 9 日—2020 年 11 月 2 日）

　　如果我们同样在 2018 年 3 月 9 日购买了沪深 300ETF，那么持有 2 年 8 个月后，你可以获得 20.83% 的收益率，如图 2-14 所示。复合年化收益率为 7.1%，远超银行理财产品的收益率，并且我们没有花费任何精力。

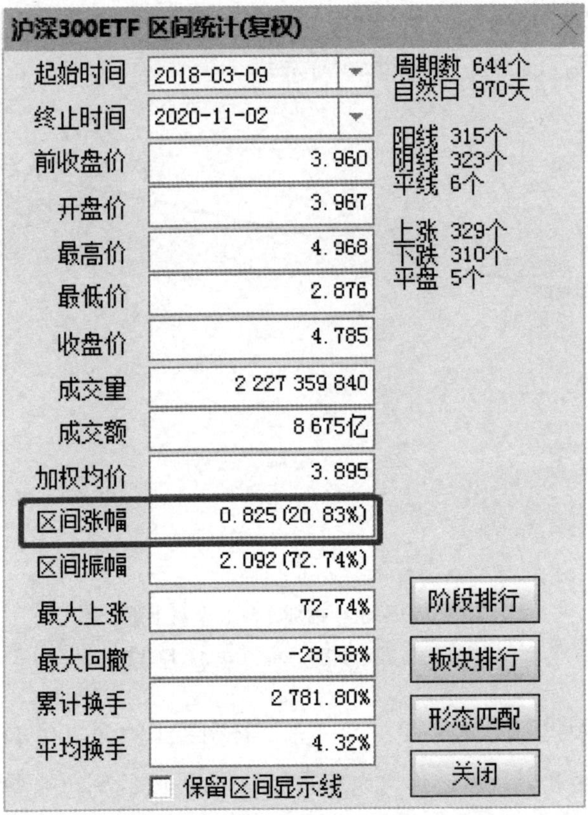

沪深300ETF 区间统计(复权)

起始时间	2018-03-09
终止时间	2020-11-02
前收盘价	3.960
开盘价	3.967
最高价	4.968
最低价	2.876
收盘价	4.785
成交量	2 227 359 840
成交额	8 675亿
加权均价	3.895
区间涨幅	0.825 (20.83%)
区间振幅	2.092 (72.74%)
最大上涨	72.74%
最大回撤	-28.58%
累计换手	2 781.80%
平均换手	4.32%

周期数 644个
自然日 970天

阳线 315个
阴线 323个
平线 6个

上涨 329个
下跌 310个
平盘 5个

阶段排行　板块排行　形态匹配　关闭

□ 保留区间显示线

图 2-14　沪深 300ETF 上涨 20.83%

（2018 年 3 月 9 日—2020 年 11 月 2 日）

　　第三种方式：定投指数基金。如果我们选择定投，同样用 10 万元投资一只沪深 300 增强型指数基金，从 2018 年 3 月定投到 2020 年 11 月，有多少收益呢？结果如图 2-15 所示。

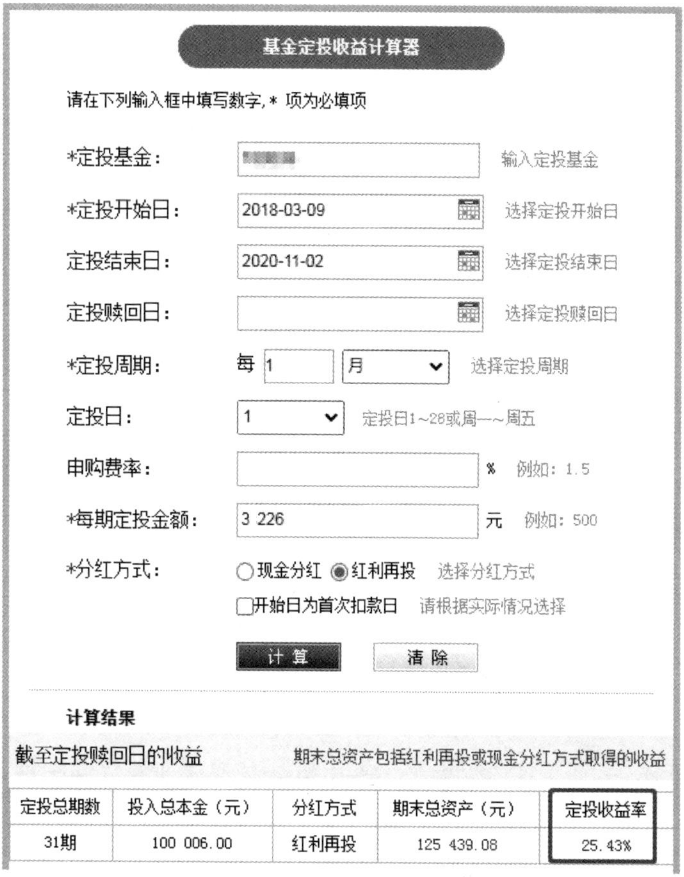
基金定投收益计算器

请在下列输入框中填写数字，* 项为必填项

*定投基金：　输入定投基金

*定投开始日：2018-03-09　选择定投开始日

定投结束日：2020-11-02　选择定投结束日

定投赎回日：　选择定投赎回日

*定投周期：每 1 月　选择定投周期

定投日：1　定投日1～28或周一～周五

申购费率：　%　例如：1.5

*每期定投金额：3 226 元　例如：500

*分红方式：○现金分红 ◉红利再投　选择分红方式

□开始日为首次扣款日　请根据实际情况选择

计 算　清 除

计算结果

截至定投赎回日的收益　期末总资产包括红利再投或现金分红方式取得的收益

定投总期数	投入总本金（元）	分红方式	期末总资产（元）	定投收益率
31期	100 006.00	红利再投	125 439.08	25.43%

图 2-15　定投某只沪深 300 增强型指数基金的收益率为 25.43%
（2018 年 3 月 9 日—2020 年 11 月 2 日）

由图 2-15 可知，定投指数基金的收益率是 25.43%，超过了一次性买入沪深 300ETF 10 万元的收益率。最关键的是：我们是分批投入这 10 万元，并不是一次性拿出这些钱的，所以我们应该还要加上剩余资金每年 5% 的理财收益率，平均估计至少还可

以加上每年 3% 的理财收益率。所以 25.43% 的复合年化收益率
是 8.9%，再加上 3% 左右的理财收益率，实际复合年化收益率应
该在 11% ~ 12%，拉长时间来看，风险还极低。所以这个分批
投入的方式，特别适合没有大笔存款的工薪阶层，聚沙成塔，积
少成多，我们不知不觉就存下了一大笔钱，而且能比拥有大笔存
款的人获得更多的投资收益，真正实现没钱也能从资本市场"掘
金"的美好愿望！

我们再来总结一下以上三种方式的对比结果，为了形象地说
明问题，我用三个年轻人来举例。

假如有三个年轻人，分别叫佳佳、阳阳、慧慧。佳佳和阳阳
是早几年上班工作的，她们每人存下了 10 万元，慧慧刚参加工
作，还没有存款，但是工资收入还算稳定，所以每月可以存下
3 226 元，然后她们三个人选择了三种不同的投资方式。

佳佳不相信指数基金，想要自己炒股，但是她相信十点，所
以她在 2018 年 3 月 9 日买入了一只价值股，即 A 股票，持有到
2020 年 11 月 2 日，亏损了 16%，也就是说佳佳的总资产是：10
万 ×（1-16%）=8.4 万元。

阳阳知道自己不擅长做股票，她也相信十点推荐的购买指数
基金的方式可行，所以在 2018 年 3 月 9 日一次性买入了 10 万元
的某只沪深 300ETF，持有到 2020 年 11 月 2 日，赢利 20.83%，
也就是说阳阳的总资产是：10 万 ×（1+20.83%）=12.083 万元。

慧慧刚参加工作，没有阳阳和佳佳存款多，所以只能每月从
工资里面省下 3 226 元去定投一只沪深 300 增强型指数基金，从
2018 年 3 月 9 日定投到 2020 年 11 月 2 日，总共定投了 31 个月，

本金大约也是 10 万元，赢利 25.43%，也就是说慧慧的总资产是：
10 万 ×（1+25.43%）=12.543 万元。

　　说到这里，这三个人的投资结果全部都出来了，有存款的佳佳和阳阳竟然没有刚参加工作的慧慧赚的钱多！现实就是这样，但佳佳的情况还不算太糟糕，起码她买了价值股，还有回本的希望。实际上有相当多的散户，在这 2 年 8 个月中的亏损更多。而且由于佳佳买的是股票，所以她每天要辛苦地盯盘，学习各种知识，从而荒废了工作，之后的工作业绩越来越差，本职工作的工资收入也一路下滑，而且公司打算辞退她。阳阳虽然没有买入股票，但由于她是从股票账户中买的 ETF，总免不了要去看看，这同样影响了工作，导致她没有服务好客户，三年下来既没有升职，也没有涨薪。相反，慧慧虽然是最晚参加工作的，由于她选择了定投，系统自动扣费，她在股市上没有多花精力，专心在工作上，在业余时间也注重学习和提升。三年下来慧慧的工作能力持续提升，领导也越来越器重她，她的工资收入自然也涨了不少，而且她还升职了，现在每月可以定投 5 000 元了，所以她的财富增长速度越来越快。

　　再过 10 年，她们的差距简直是两种人生了：一种人生是人到中年，生活压力越来越大，而另一种人生是生活越来越轻松，年纪轻轻就基本实现财务自由了。而且随着时间的流逝，慧慧越来越富有，即使不工作，收入也是佳佳拼命做几份工作的几倍。随着慧慧的投资收益越来越多，她有更多的时间陪伴孩子和家人，所以家庭幸福美满，孩子也被教育得非常好。

　　她们三个人最后拥有截然不同的命运，并不是因为谁更努

力，相反，其实佳佳最努力，一开始每天熬夜努力做股票，后面
又身兼几份工作拼命赚钱养家糊口。而慧慧可能工作了 10 年、
20 年后基本处于半退休状态，并带着家人享受生活去了。她们三
个人之所以拥有迥异的人生是因为一开始做出了不同的选择！这
样不同的结局值得大家深思，对于我们普通人而言，到底什么样
的投资方式最适合自己？答案已经不言而喻！

精选留言

◦◦◦：

我在 2018 年最高点买了一只价值股，当时只买了一手，后面逐
渐增加，现在有 12 手，有 90% 的收益。

十点：

假如你投的钱是你的全部资金，你还敢这样买吗？所以小资金的
高收益不代表你敢投全部资金。

◦◦◦：

我确实不敢投入全部资金，同时还定投了 5 只基金，现在业绩较
差的基金有 30% 的收益率，业绩较好的基金有 80% 的收益率。
所以做时间的朋友是没错的。

十点：

所以普通人最适合定投。

劳尔伯纳乌：

我其实也比较认可慧慧这种方式，踏实地做好本职工作，不断提
升能力，然后利用每月多余的钱去定投指数基金，这对职场新人

来说是比较有效的理财手段。我在刚接触基金的时候也有很多内容不懂，一个同事给我分享了十点老师的文章。通过阅读文章，我能感受到十点老师文字中的言真意切，也明白了很多道理。我现在也开始有规律地每月省下一笔钱用来定投，期待以后更好的自己吧。

十点：

加油，你一定会越来越好！

我们痛苦的根源

我的粉丝交流群里经常有下面这样的留言。

我正在向基金加仓，我3月买的一只新基金，现在也涨了15%多，我朋友持有的产品比我持有的产品挣的钱多。

这些消息反映了大家的什么心理呢？答案就是大家总希望自己买到的基金或股票的收益是最高的。这种心理跟我们平时操作短线的思维是一样的，即总是希望买在最低点，卖在最高点。

首先，请放弃理想的最高点和最低点。无论是买卖基金还是买卖股票，我们永远无法做到从头赚到尾，更无法做到卖在最高点，买在最低点。我们要想做到这些，就跟制造永动机一样，注定一事无成。我们先来讲最高点的问题，理论上只要一只基金不解散，就没有最高点，只有更高点，所以任何中途"下车"的行为都会阻断我们持续获利的过程；再来讲最低点的问题，**我们永远不知道最低点在哪里，但是可以根据市场的历史估值水平知道相对低点**，把握这个相对低点就足够了。巴菲特抄底，从未抄到过最低点，都是依靠毛估估计的低点，很多时候都抄在半山腰，但是不影响他老人家成为"股神"。因为巴菲特不管在什么时候买入哪家公司，最后都能赢利，而不是像我们很多人买入后，永远也回不了本。这又是什么原因呢？请看下面这一点。

其次，做确定性高的事。我们反复说过，做价值投资最核心的一条是：**做确定性高的事，最好是 100% 能确定的事**。例如，如果我们买入指数基金，从长期来看，赚钱就是 100% 的事（有0.001% 的概率可能亏钱，那就是人类毁灭，那时指数肯定也不存在了，但是钱也没意义了，所以赚钱的概率基本等于 100%）。另外，无论你在什么时候买入指数基金，哪怕你在 2007 年百年一遇的大牛市的最高点买入指数基金，迟早也会赢利。我为什么那么确定呢？因为人类只要存在，社会一定是往前发展的，历史的车轮不会倒退，哪怕有暂时的倒退，很快也会被纠正并继续前进，所以长期来看，指数肯定越涨越高。因为指数的背后就是这个时代最优秀的公司的集合，只要这家公司经营不善就会被指数剔除，所以指数里面保存的全部是最好的公司。**一百多年前，道琼斯工业指数选择第一批 12 家公司，到 2018 年 6 月，只有一家公司还在，那就是通用电气。**这家公司很了不起，占据了道琼斯工业指数 110 年，而在这一百多年里，技术与产业、经济与社会都已发生翻天覆地的变化。其他 11 家公司如美国皮革公司、芝加哥天然气公司等都早已从成份股名单中消失。

所以你想要长期持有一家永不衰退的公司几乎不可能，公司就像一个人，是有生命周期的，到现在为止我们还没有发现永生的公司。当然，从我们 10 年、20 年的投资生涯来说，大家还是可以发现一些辉煌几十年的优秀公司，这也是我们买入价值股的意义所在。但是，发现优秀的公司需要我们具有较高的鉴别能力和足够的耐心，而获得这些能力和耐心需要大量的知识积累，还需要我们只专注于一个领域。**所以对 90% 以上的人来讲，确定性最高的事往往是买入宽基指数基金，然后分享资本市场长期的、中等水平以上的收益，而且这种方式非常轻松，我们可以分出精力去做别的更容易成功的事。**

为什么我不建议大家去买入行业指数基金和主动管理型基金呢？就是因为它们的确定性不高，也许今年医药行业涨得很多，但我们不可能事先知道。如果你很了解一个行业，而且十分确定它会涨，你应该去买入行业的龙头股，这会让你赚更多钱。主动管理型基金也一样具有不确定性，也许今年基金经理押中了几只重仓股，业绩暴涨，但是明年没有押中，业绩暴跌，这一涨一跌，与你们自己炒股一样，最后肯定没有宽基指数基金的收益多。**哪怕主动管理型基金近 3 年的收益超过宽基指数基金，也不代表它未来 5 年或 10 年能够跑赢宽基指数基金。因为事实证明，90% 的主动管理型基金不能长期跑赢指数，而你买中那 10%甚至更稀有的主动管理型基金的概率又有多少呢？**如果你想长期在资本市场稳定获利，就要做确定性高的事，而不是看到什么涨得快，就马上被吸引过去。这就好像股市里面每天都有涨停的股票，但如果你天天去追涨停板，最后赚得到钱吗？相反，如果你分批买入了工商银行这种慢如蜗牛的股票，从长期来看也是赚钱的。做确定性高的事情还有一个好处就是：你会感到踏实，你每天的心情不会那么纠结和不安。当市场下跌时你就再买一些指数基金，因为成本更低、你持有的筹码更多时，将来你赚的钱肯定更多！我们大部分人已经吃够了不确定性的苦，我们每个人几乎都曾经在股市里面赚过涨停板，但是为什么最终都亏钱呢？原因就是我们一直在做不确定的事，痛苦也源自这里。

最后，我再强调一下：买入指数基金，尤其是通过定投分批买入指数基金，肯定是一买入它就下跌更有利，而不是买入后马上获得盈利更有利。总之，你在低位买的基金越多越好，在定投时指数基金下跌的坡度越长，对你越有利，因为你可以买入更多廉价的筹码，未来的潜在收益总额也更高。

精选留言

五五六六：

逻辑其实很简单，最重要的是克服人性的弱点，因为我们肯定做不到买在最低点，既然如此，结论显而易见，我们买入后产品肯定会下跌，所以下一步要做的事就是分批买入。我们被短期暴富的故事迷惑了心智，现在需要静下心来沿着正确的方向走，时间是我们的朋友而不是敌人，我们的贪念才是最大的敌人！

十点：

我要将你这条留言置顶，你理解得很深刻，尤其最后一句话堪称经典："时间是我们的朋友而不是敌人，我们的贪念才是最大的敌人！"

地球往事：

我想讲一下我投资基金的感受，我在 2016 年开始投资基金，主打主动管理型基金，中途没有停止投资，到 2020 年所持有的产品全部创新高。我个人认为，在散户化的 A 股市场，有些好的基金经理是能战胜指数的。但是，从 2019 年起，我开始着手为以后做准备，配置了一些沪深 300、中证 500、创业板指数的基金。因为在一个去散户化的市场中，优秀的公募基金人有很强的不确定性。适合大部人且不用花太多精力的产品确实是指数基金，当然它的超额收益有可能少一些，但谁又能每次都选对优秀的主动管理型基金呢？

十点：

你理解得很到位。

日出东方：

指数基金定投确实是一个不错的投资渠道，对于我这个在股市奋斗了十几年的人来说亦是如此。我差不多始终把三分之一的资金放在指数基金里，尤其是在大盘如此低位的情况下，奉劝各位股民不要想着一夜暴富，"七亏二平一盈"是永恒的定律。

为什么一味追求高收益是错的

我们在做投资时，最需要改正的一个错误观念就是一味地追求高收益。我们需要考虑的第一点应该是：这个高收益需要冒多大的风险才能获得，而不是收益越高的基金越值得投资。这是价值投资者必须要深入骨髓的理念，因为价值投资者追求的是稳定赢利，而不是暴利。很多高额收益的背后往往隐藏着巨大的风险。例如，我们每天追求涨停板，如果你每天都能获得一个涨停板，几年后，全世界的财富都是你的，这可谓超高收益。但是隐藏的巨大风险是：你一天也可能亏损20%，最后收益与亏损抵消，99%的人可能亏掉所有本金。很多人每天的短线进出就是这样把本金给亏掉的。而指数看似每天涨幅很小，甚至一年都得不到一个涨停板的收益，但是隐藏的风险也很小。尤其在大盘处于低位，往下的空间很小，往上的空间很大时，如果我们坚持定投，最终会获得很可观的收益。最关键的是，你心里很踏实，每天的涨跌似乎已经与你无关，你只需要安安心心工作，踏踏实实睡觉，生活充满着快乐。如果你今天追了涨停板，那么你几乎每分钟都要牢牢地盯着它，连喝口水、上个厕所的时候都是紧张的。问题是你如此用心和努力，最后的结果很可能还是亏钱，因为本来通过这种高风险的模式赚钱的概率就极小，这不是因为你没能力，而是因为命运完全不是由你自己掌控的。绝大多数人在进行短线操作时，努力了10年、20年，甚至一辈子，不知道熬了多少个日日夜夜，到头来却"竹篮打水一场空"。反观如果我们追求确定和稳定的收益，尽管一开始收益不多，但 10 年、20 年后，我们也能积累一笔不小的财富。我想引用一下芒叔在《致投资者的信》里面的一张图片，通过这张图片，你就能一目了然地了解努力方向正确与否的差距，如图 2-16 所示。

0.01的力量

方向正确 $=1.01 \times 1.01 \times \cdots \cdots \times 1.01 \approx 37.78$

365天

方向错误 $=0.99 \times 0.99 \times \cdots \cdots \times 0.99 \approx 0.026$

365天

$$\frac{\text{方向正确}}{\text{方向错误}} \approx 1\,453\text{倍}$$

图 2-16 努力方向正确与否的差距

如果你的努力方向是正确的，那么你每天付出的努力就是 1.01，一年以后，365 个 1.01 相乘大概是 37.78。相反，如果你的努力方向是错误的，你付出的努力就是 0.99，一年以后，365 个 0.99 相乘大概只有 0.026。所以总结下来，正确地努力一年所获得的收益大概是错误地努力一年的 1 453 倍。

精选留言

昌哥：

我完全赞同老师的观点！敬畏市场，稳字当头，才能永远立于不败之地。

不要再做"韭菜"了

截至 2020 年 5 月，沪深两市共有 3 833 家上市公司，它们在 2019 年的总利润差不多是 3.8 万亿元，我们剔除银行股所占的将近一半的利润，其余 3 000 多家公司的总利润差不多是 2 万亿元。沪深两市在 2019 年的总成交额是 130 万亿元，印花税和交易手续费的总额大概消耗掉 3 000 亿元，差不多占总利润的 10%。我再给大家一组数据：截至 2019 年年末，A 股的总市值大约是 60 万亿元，也就是说 A 股 60 万亿元的资产产生了 3.8 万亿元的利润。我们剔除大概 3 000 亿元的手续费和印花税，实际利润约为 3.5 万亿元，即收益率差不多是：3.5 万亿元 ÷60 万亿元 ≈ 5.8%。而 2019 年各类基金的平均收益率如图 2-17 所示。

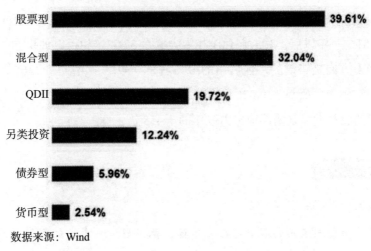

数据来源：Wind

图 2-17　2019 年各类基金平均收益率

由图 2-17 可知，2019 年股票型基金的平均收益率为 39.61%，混合型基金的平均收益率为 32.04%，这些超额收益从哪儿来的呢？就是从市场的波动中赚来的，这些钱都是散户亏损的钱，因为按照上市公司的利润，它们的收益率应该只有 5.8%，结果却赚了 30% 以上，多出的部分就是由做短线的散户贡献的。如果大家在 2019 年的总收益超过了 5.8%，那么说明你也参与了割"韭菜"行动。如果大家在 2019 年的总收益超过了 35%，那么说明你是 A 股 10% 以内的、"食物链"顶端的投资者。因为 2019 年 A 股指数基金的平均收益率是 35%，沪深 300 指数上涨了 36.07%，如图 2-18 所示。

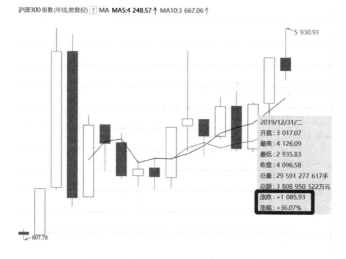

图 2-18 沪深 300 指数的年 K 线

跟踪沪深 300 指数的某沪深 300ETF 2019 年上涨 40.40%，跑赢指数将近 4 个百分点，如图 2-19 所示。

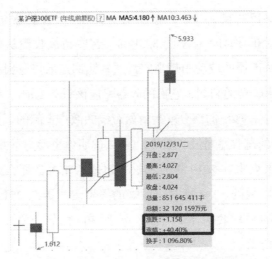

某沪深300ETF (年线,前复权) ? MA MA5:4.180↑ MA10:3.463↓

5.933

2019/12/31/二
开盘 : 2.877
最高 : 4.027
最低 : 2.804
收盘 : 4.024
总量 : 851 645 411手
总额 : 32 120 159万元
涨跌 : +1.158
涨幅 : +40.40%
换手 : 1 096.80%

1.612

图 2-19　某沪深 300ETF 2019 年的涨幅情况

如果你在 2019 年的总收益率能超越 39.61%，那么请你好好做股票，你是 A 股中 1% 的顶尖投资者。但是如果你花了很多的精力，甚至失去了基本生活，才侥幸跑赢一次指数，那么还是请你老老实实地购买指数基金吧，把时间和精力还给生活和工作。而其余投资者，请全部停下购买股票的行为，老老实实地购买指数基金。如果你实在选不出来购买什么，可以稳妥一点选择购买一只沪深 300ETF，但是要长期持有，而不是频繁交易。如果你的资金不多，那么就从每月的工资收入里面省出一部分来定投与沪深 300 指数相关的基金即可。

在大量的事实数据面前，我们应该低下高昂的头，承认自己的不足，承认自己是一个平凡的人，这样才能从资本市场中轻松获取超额收益。我们把所有精力花在本职工作上，赚取更多现金来购买更多指数基金，才能稳稳妥妥地获取"睡后收入"。我写了那么多文章，有那么多事实摆在前面，但在阅读完本书的人里也只有不到 10% 的人会慢慢改变。因为"韭菜"们都不承认自己是"韭菜"，都希望通过自己的努力成为割"韭菜"的人，但是实际情况却事与愿违。巴菲特有句名言："如果你在牌桌上打了半小时的牌，还不知道谁是傻瓜，那么这个傻瓜就是你自己。"很多人打了 10 年、20 年的"牌"，还不知道傻瓜就是自己！

精选留言

康宁：

希望小散们能够领悟十点君的苦心，炒股看上去没有什么门槛，实际上无论是在消息上，还是在技术上都不是我们这些小散能够驾驭得了的。如果你想要在市场上长久地赚钱，唯一的办法就是定投指数基金，这虽然看上去获得收益的速度很慢，但慢就是快，快就是慢。

喜上梅梢：

十点是一个很有社会责任感的人，感谢你每天在公众号上分享自己的投资心得，用数据和事实为大家提示风险，告诫大家千万不要急功近利。投资是为了更好地生活，你现在的生活状态美煞很多人，你为大家树立了一个好榜样。

按照复利，买一年奶茶的钱未来值 20 万元

芒叔之前给我发过一段话，全文如下。

巴菲特 99% 的财富是在 60 岁之后赚到的，这个事实的教育意义如下。

（1）60 岁之前赚到的钱只是人生财富的 1%，这意味着不值得为了加速赚到 1% 或把 1% 变成 2%，而去冒不必要的风险，来日方长，要相信复利的奇迹。

（2）1% 这个数字并不是最关键的，最关键的是赚到这个 1% 的能力，能继续为 60 岁之后的复利所用，进而形成可持续的能力。这件事既合乎逻辑，风险又小。任何急功近利的赚钱方式，从长远来看意义都不大。

（3）在沉淀 1% 的财富和 60 岁以后继续复利所需能力的过程中，我们要确保美好的生命体验和良好的家庭生活品质。毕竟生命在于过程，财富只是一个游戏筹码，生命中还有很多更重要的事情。

（4）活到 60 岁，然后尽可能实现长寿。

我也总结一下芒叔的观点，即大家要稳妥地赚到人生财富的 1%，保证过程快乐，身体健康，然后享受财富带来的长寿和幸福！很多人自从接触股票以后，就从未快乐过。股票上涨时他们觉得赚少了，内心痛苦；股票下跌时他们就更痛苦了！他们在买股票之前纠结，在卖股票之后也纠结，整个过程中又失眠又焦

虑！如果你是这种状态，即使你赚钱了，哪怕赚的钱很多，也得不偿失，如果你长期过着这样的生活，那你的身体会健康吗？何况你手里的股票还亏钱，你们还要继续做这样的错误事情吗？我有一个办法可以帮助你改善这个状态：清空股票，定投指数基金！

年轻人要学会延迟满足，要明白现在小心翼翼地花钱是为了将来能够大大方方地花钱！ 在你们积累原始资金的时候，省下的每一分钱将来都是巨款！下面我来给大家算一算，假设你用买一杯奶茶的 20 元钱投资指数基金，按照指数基金定投 11% 的年化收益率来计算，30 年后这笔钱会变成多少呢？如图 2-20 所示。

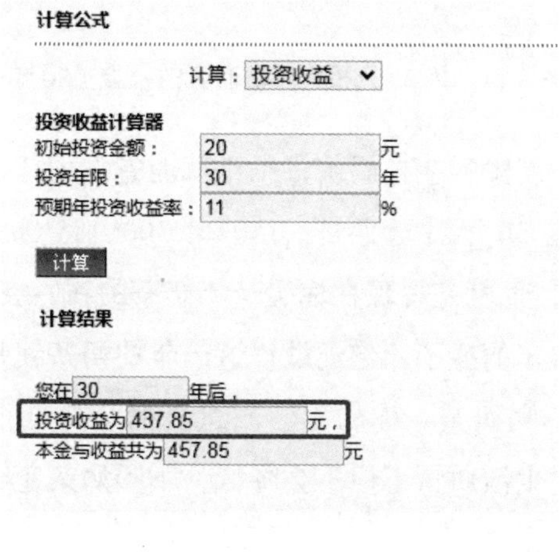

图 2-20　用 20 元投资指数基金的收益（30 年）

按照 11% 的年化收益率来计算，如果你省下 20 元用来投资指数基金，30 年后这笔钱可以变成 437.85 元。假如你把 20 元投在一只好的私募基金里，按照 15% 的年化收益率来计算，那么这笔钱会变成多少呢？答案是 1 304.24 元！如图 2-21 所示。

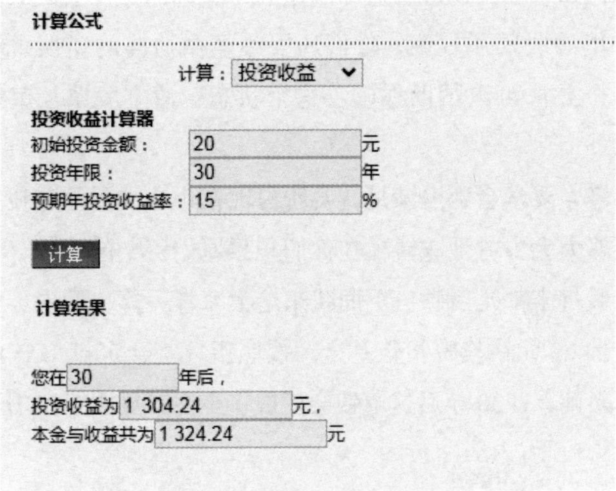

图 2-21   用 20 元投资私募基金的收益（30 年）

假如你一周少喝 3 杯奶茶，一年就能省下大约 150 杯奶茶的钱，这些钱在 30 年后至少是：150 × 1 300=195 000 元，差不多有 20 万元了！**也就是说现在你买一年奶茶的钱，在 30 年后就变成一辆中档轿车的钱了，你还敢说这一年的奶茶钱是一笔小数目吗**？如果你不喝奶茶，你的生活质量真的会降低很多吗？不一定，其实你的生活质量不但不会降低，不喝奶茶还会对身体有很大的好处，让你实现长寿，享受更多的复利！

当然，奶茶只是我举的一个小小的例子。在刚参加工作的前 10 年，我们可以节约的钱不仅包括奶茶，还有比奶茶多 10 倍，甚至 100 倍的 "小钱"。我们把这些钱都节约下来，然后积少成多，再通过定投指数基金去积累和增值。**那么你这辈子不需要比**

别人努力很多，也不需要比别人聪明很多，就可以比绝大多数人富裕很多，而且你在退休后绝对是一个有钱人！你越早想明白这个道理，就会越富有！

我和十点嫂在工作的前 5 年十分节俭，会将每天一分一厘的生活费都记录下来。我们都是白手起家，双方父母都没有支援一分钱，除了努力工作，我们就是靠理财、买房逐步积累到现在的财富。我想在我们所在的城市，我们的家庭资产至少应该排在前 10% 以内了！**但是 20 年前，我们俩从农村刚来到这个城市时，应该是最底层的人。**记得有一天晚上我们路过一个小区，当时正好是晚饭时间，饭香味从这个小区的万家灯火中飘出，我当时就在想，自己什么时候能在这个小区里拥有一套属于自己的房子，成为这个城市的正式一员？所以后来，当我们有能力凑足 4 万元首付款的时候，我和十点嫂毅然选择去那个小区买了一套老房子。我们贷款 4 万元，房子总价 7.8 万元，当时我们大部分同学和同事都选择租房，因为他们看不上这样的旧房子，并不是因为他们买不起。但我们就是选择买一套老房子，贷款 4 万元，分 10 年还，每月大概还款 900 元，当时我和十点嫂的每月工资加起来大概是 3 500 元，完全可以覆盖贷款。**所以我们就在毕业的第二年，买了一套这个城市最差的房子（真的没有比它更差的房子了）。**我们每月支付 900 元的月供，10 年后这套房子属于我们了，而我们的同龄人还在无限制地支付房租，但是不管他们支付房租到什么时候，房子都是别人的。当然，也要感谢十点嫂（有些女孩可能更喜欢新房子），感谢她愿意跟我住在那么破的房子里面，并且还过得挺幸福的，我们现在时常回忆起住在这套老房子里面的美好生活！由于这套老房子是我们的第一套房子，所以我们一直保留着它，直到前几年把它租出去一段时间后，房子变得又乱又脏，我们才下狠心卖掉它。我记得卖了 60 多万元，房子增值了将近 8 倍，如果按照当初的 4 万元首付来计算，房子其实增值了将近 15 倍。如果按照年化收益率来计算，初始投资金额为 4 万元，本金加收益为 60 万元，年化收益率为 18.44%，如图 2-22 所示，这是非常不错的复利增长！

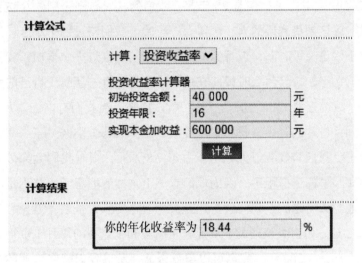

图 2-22　房屋增值的年化收益率

我说了那么多，无非想告诉大家：选择正确的投资道路，相信复利，你的未来一定很美好！无论你现在的状况如何，你的未来一定会越来越好！

精选留言

不求安逸的 π：

我一直都很感激我父亲，他在我大学毕业后，要求我记账，让我把每天花了多少钱都记下来。我本来觉得这件事很无聊，但是记账 1 年以后，我开始复盘今年赚了多少，花了多少，各项开支是多少，哪些是硬性支出，哪些是非必要支出，而且明确了接下来省钱的方向。我坚持记账 8 年，现在除了有 50 万元的资金，还有一辆汽车。作为一个拿着上海平均工资水平线以上 10% 的普通人，我现在所拥有的这些都是这 8 年期间实打实开源节流出来的。

上证指数改规则了

2020 年 7 月 22 日，上证指数改了规则，我们习惯上把上证指数称为大盘，这个指数的涨跌往往影响着市场的情绪，但是这个指数存在很多设计上的缺陷，这些缺陷也导致了很多问题。我们在形容中国股市时往往拿上证指数来调侃，例如，2000 年上证指数是 3 000 多点，2020 年还是 3 000 多点，我国股市 20 年来没有上涨。其实这个说法是错误的，这个结果是由于指数设计的缺陷导致的，实际上我国股市在 2000—2020 年的这段时间里还

是涨了不少的。**否则偏股基金在 2000—2020 年就不会有 16.8%**
的年化收益率，虽然很多基民没有赚到钱，但是股票基金本身还
是很赚钱的。

没有赚到钱的主要原因是这些人在高点买入而在低点卖出，
我们当中的大部分人往往是在大牛市买入基金，在市场低迷的大
熊市卖出基金。如果你能够反过来操作，或者长期持有这些股票
基金，就能够赚到 16.8% 的年化收益率。股票基金能够赚到这么
多钱，说明我国股市整体是上涨的，而不是有些人认为的大盘点
位没有任何变化。最明显的是，沪深 300 指数从 2005 年到 2020
年上涨了 4 倍多，如图 2-23 所示。

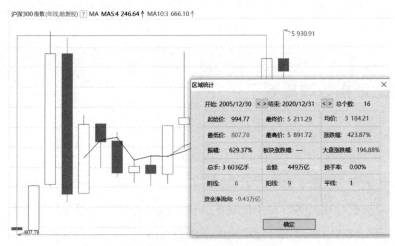

图 2-23　沪深 300 指数上涨情况
（2005 年 12 月 30 日—2020 年 12 月 31 日）

2005 年 12 月，沪深 300 指数只有 900 多点，而截至 2020 年

年底，沪深 300 指数的收盘价为 5 211.29 点，**在 15 年的时间里整整涨了 4 倍多**。2005 年 12 月，上证指数是 1 100 多点，截至 2020 年年底，上证指数为 3 400 多点，也就是说在 15 年的时间里，大盘涨了 2 倍多。如果没有设计的缺陷，大盘应该至少上涨 3 ~ 4 倍，即上证指数对应的点位应该是 4 400 ~ 5 500 点。

那么这个缺陷到底是什么呢？就是新股上市第 11 天后就被纳入指数，而往往在第 11 天，大部分新股正好连板涨到最高点，然后往往一路狂跌，从而拖累指数走低。在 2001—2020 年，有很多新股上市，但是其中的有些新股后来没有再涨过上市后的高点，它们拖累了大盘指数很多个点位。极端的例子如图 2-24、图 2-25、图 2-26 所示。

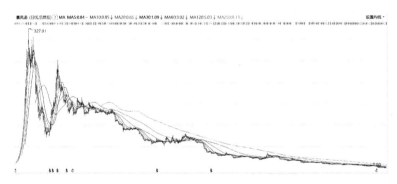

图 2-24 暴风退新股走势

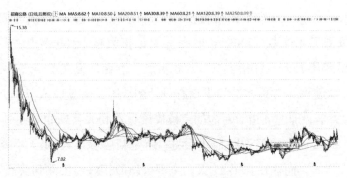

图 2-25　招商公路新股走势

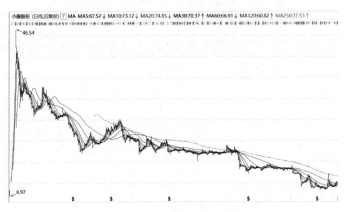

图 2-26　小康股份新股走势

这些公司的名气都很大，但股票走势都是"一江春水向东流"，其他还有很多公司也是一上市，股票就一路跌。面对这样的现实情况，我们的上证指数在 15 年的时间里还能上涨 2 倍多，是十分不容易的！所以如果不改革和优化上证指数，真的会让投资者对 A 股失去信心。

基于上述情况，这次上证指数修改了以下几个规则。

第一，删除被实施风险提示的公司的股票。例如，删除被进行退市风险警示的股票，因为这些股票极有可能会跌得很惨，从而拖累指数进一步走低。投资者也不应该去买这些公司的股票了，所以从指数里面将它们删除是正确的决定。

第二，日均总市值排名前 10 位的新股在上市 3 个月后才被纳入指数，其他新股更要在一年后才被纳入指数。大部分小公司在上市一年后基本"现原形"了，该跌的公司也已经跌得差不多了。日均总市值排名前 10 位的公司的变化不会太大，3 个月后基本定型，从而不会拖累上证指数了。

第三，纳入科创板等股票。将新型的上交所股票加入上证指数也合情合理，加入规则同上面的第二条。

上证指数修改规则后，最大的好处是对应的指数基金的收益率会大大提升。从 2011 年到 2020 年，前后总共 10 年时间，上证指数的年化收益率只有 3.71%，基本跑输银行理财产品的收益率，这也是很少有指数基金跟踪上证指数的原因，因为它的收益率实在是太低了。而经过修正后，从 2011 年到 2020 年，上证指数的年化收益率可以达到 7%，这个收益率还是不错的，我估计以后跟踪上证指数的基金产品会越来越多，规模也会越来越大。

那么，沪深 300 指数的年化收益率是多少呢？我统计了 2005 年 12 月 30 日到 2020 年 12 月 31 日的沪深 300 指数，它的总收益率大概是 423%，在 15 年的时间里，年化收益率大概是 11.67%，远远超过优化后的上证指数 7% 的年化收益率。中证 500 指数跟沪深 300 指数差不多，收益率还高一点。所以我们如果要购买指数基金，我推荐大家还是购买跟踪沪深 300 指数或中证 500 指数的基金，从长期来看，它们的收益更高且更稳定。

精选留言

冰蚕丝语：

自从按照十点老师的价值股策略开始投资后，我的心态平和了很多。感谢"拾个点"这个有温度、有质量的公众号。

十点：

你应该感谢自己，你做出了正确的选择！

木头人：

请问我要不要定投一部分上证指数的基金呢？另外希望您推荐几只上证指数的基金。

十点：

我不建议你这样做，优化后的上证指数的表现还是远远比不上沪深 300 指数！

木头人：

我投资中证 500 指数已经获得盈利了，如果它的估值高了，希望您提醒我们一下，以免我们被胜利冲昏头脑。

十点：

时间还早，我们投资指数基金是以 3 ~ 5 年为一个周期进行长期投资的，不要试图高抛低吸。

最快的赚钱方法

总有人给我留言：**他们觉得指数基金定投的赚钱速度太慢了，希望掌握快速赚钱的方法。**

我也想快速赚钱，如果你们有快速赚钱的方法一定要告诉我，让我也"发发财"！但是，在没有快速赚钱的方法之前，我们还是老老实实地用"慢"的赚钱方法吧。指数基金定投真的赚钱很慢吗？答案是否定的！**对于一个普通投资者来说，尤其在你不用花时间提升能力的情况下，指数基金定投是最快的赚钱方法**。当然，前提是你没有提升现有的能力，如果你的学习能力很强，很快就能悟到价值投资的精髓，可以挖掘很多被低估的好公司，那你当然可以获得超越市场的利润。但是，正常来说，只有千分之一的人才具备这个能力，如果你觉得你是这样的人，那你可以不用读这本书。这本书只针对 99.9% 的普通投资者，尤其是长期在股市亏钱的朋友。

很多人在之前 5 年、10 年，甚至 20 年的"炒股"生涯中，总希望找到一年能翻几倍的大牛股，甚至希望买到明天就能涨停的股票，但是折腾了十几年，快到老年了，结果还是亏钱！造成这个结果的原因并**不是他们的能力差，而是他们的方向和方法错了**。如果我们在刚进入股市时就选择指数基金定投，如图 2-27 所示，从 2005 年 12 月 30 日到 2020 年 12 月 16 日，沪深 300 指数的开盘价是 994.76 点，收盘价是 4 953.87 点，我们的总收益率可以达到 397.99%。

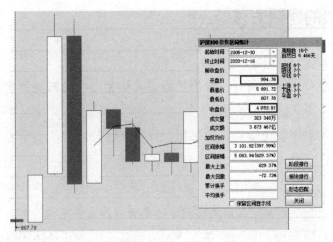

图 2-27　沪深 300 指数上涨情况（2005 年 12 月 30 日—2020 年 12 月 16 日）

　　我们再来算算年化收益率，如图 2-28 所示，从 2005 年 12 月 30 日到 2020 年 12 月 16 日，沪深 300 指数的年化收益率为 11.296%。这个收益率已经超过一切理财和信托产品的收益率，而且沪深 300 指数的长期风险更低。

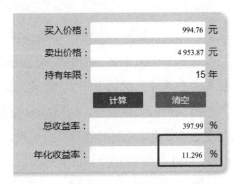

图 2-28　沪深 300 指数的年化收益率
（2005 年 12 月 30 日—2020 年 12 月 16 日）

那么上证指数又是什么情况呢？如图 2-29 所示。

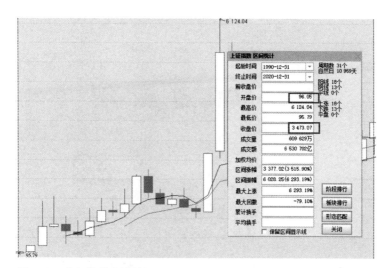

图 2-29 上证指数上涨情况（1990 年 12 月 31 日—2020 年 12 月 31 日）

从 1990 年 12 月 31 日到 2020 年 12 月 31 日，上证指数的开
盘价是 96.05 点，收盘价是 3 473.07 点，也就是说它在 30 年的时
间里涨了大概 35 倍。

我们再来算算年化收益率，如图 2-30 所示，从 1990 年 12 月
31 日到 2020 年 12 月 31 日，上证指数的年化收益率为 12.704%。
而沪深 300 指数从 2005 年 12 月 30 日到 2020 年 12 月 16 日的年
化收益率是 11.296%，两个数字相差不大。所以大家所认为的从
2000 年到 2020 年的上证指数不上涨的观点是片面的，大家千万
不要盲从。

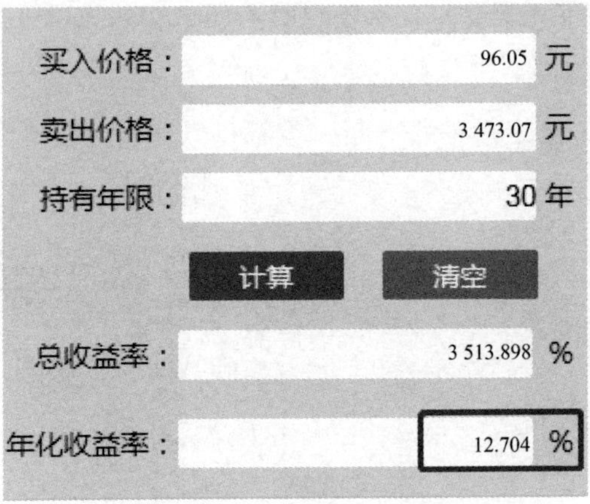

图 2-30　上证指数的年化收益率

（1990 年 12 月 31 日到 2020 年 12 月 31 日）

如果我们能在市场被严重低估的时候翻四倍定投指数基金，那么总体的收益率肯定还会更高。即使我们每月定投 3 000 元，按照一年 10% 的年化收益率来计算，如图 2-31 所示，30 年后我们拥有的总收益是多少呢？

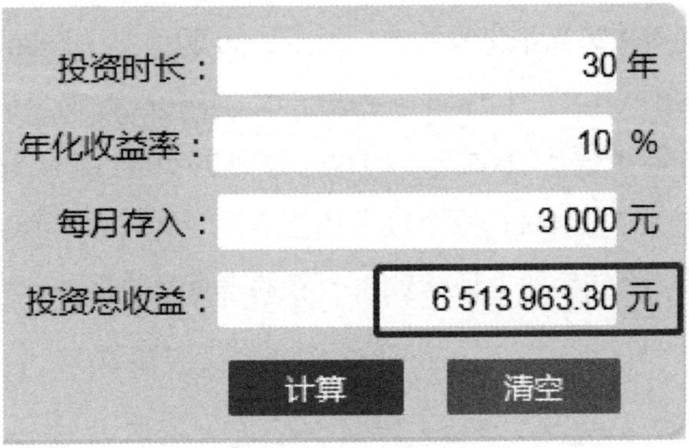

图 2-31　每月定投上证指数 3 000 元，30 年后的收益

假如你现在不到 30 岁，每月存下 3 000 元用来定投指数基金，那么到你 60 岁退休的时候，你拥有的总收益大概是 650 万元，而且 60 岁之后的每一年，你都可以稳稳地获得大概 65 万元的收益，**即每月大概 5.4 万元，这是你不用劳动就可以获得的被动收入**。即使 30 年后货币贬值了（实际上货币不太可能有以前那么快的贬值速度了，因为经济增速没那么快了，货币需求也没那么大了，新发货币的速度自然会降下来，通货膨胀也就没那么厉害了），你每月依然有一笔不少的被动收入。

我们可以按照 1987—2019 年的货币贬值数据来计算，2019年的 100 元大概相当于 1987 年的 22.6 元，那么 30 年后的 5.4 万元，大概相当于现在的 5.4 × 22.6% ≈ 1.22 万元。**也就是说，假如你现在已经退休了，每月还有大概 1.22 万元的收入，你觉得这笔钱少吗**？你要知道，即使你现在上班，每月的工资也就几千元，而退休后每月还有 1 万多元，这不就是财务自由了吗？如果你能坚持定投 35 年，那你的收益就更多了，如图 2-32 所示。

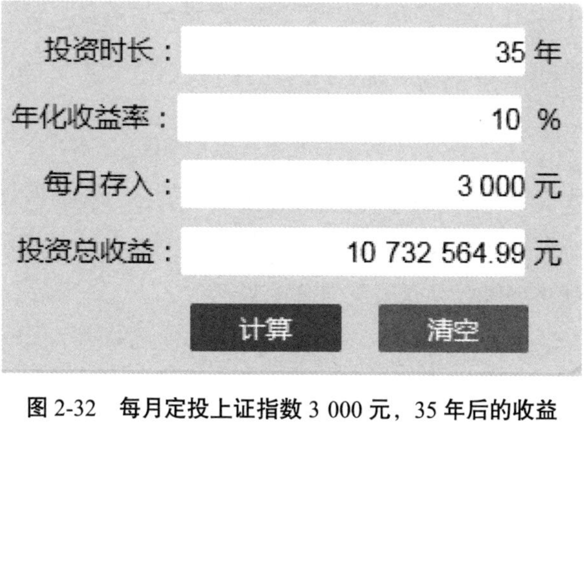

投资时长：	35 年
年化收益率：	10 %
每月存入：	3 000 元
投资总收益：	10 732 564.99 元

计算　　清空

图 2-32　每月定投上证指数 3 000 元，35 年后的收益

35 年后，你拥有的总收益大概是 1 073 万元，而且之后的每一年你都可以稳稳地获得大概 100 万元的收益，即每月大概 9 万元。即使货币贬值了，35 年后的 9 万元也大概相当于现在的 2 万元。**你多投了 5 年，本金却增加了大概 400 万元，这就是时间带给你的力量，你将越来越值钱！**所以大家越早开始投资，效果越好！

精选留言

福：

既然指数基金定投对普通投资者来说是最快的赚钱方法，那为什么很少有人去做呢？

十点：

因为没人想慢慢变富。亚马逊的创始人贝佐斯有一次问巴菲特："你的投资理论如此简单，但为什么没有人抄袭？"巴菲特说："没有人愿意慢慢变富！"

福：

坚持定投 30 年的确是一件困难的事情。

荆棘鸟：

我现在每天在上班和下班的路上都戴上耳机收听老师的课程，从后往前、从前往后反复地听，受益颇多！如果我能够提前 10 年、20 年听到这些投资知识该有多好啊！

十点：

你的内心已经认同了我的投资理念，下一步就是将理念落实到行动上，拒绝投机，远离短线！

最保险的投资方法

你永远不知道市场的最低点在哪儿，也不要试图买在最低点，疫情给我们砸出了一个"黄金坑"，我们要做的就是从坑壁开始分批买入，加倍定投。无论投资的基金是涨，还是跌，我们只须做到不去预测，保持心态平稳。

5 000 年以来，我们这个民族经历了许多磨难，但都挺过来了，而且越来越好！所以我们只要买入最能代表中国经济的指数，以 3 ~ 5 年为一个周期，用定投的形式分摊买入成本，几乎是稳赚不赔的事情，尤其是市场现在（2020 年 2 月）处于低估状态，安全边际更大。而很多散户在牛市里做股票都会亏钱，还何必去蹚那池浑水呢？一旦遇到类似疫情这样的"黑天鹅"事件，大家还会焦虑不安，痛苦不已。因此，**我建议绝大多数人不要停止定投指数基金，甚至要加倍定投，放弃股票操作，更放弃短线操作，这样大家会收集越来越多的廉价筹码，在别人恐慌的时候，你就要"贪婪"。**

对于价值投资者而言，面对疫情这种突发的"黑天鹅"事件，他们看到的全是买入机会。历史上无数次"黑天鹅"事件让价值投资者买到了足够多的低估股票，甚至是被严重低估的股票。之前有粉丝说：我们的私募客户群里很安静，但是其他投资群已经完全"炸锅"了。其实这不足为奇，**因为我们是真正的价值投资者，像疫情这种机会可遇而不可求**。在市场被高估的时候，我们就坐在那儿什么都不做。巴菲特曾说："坐那儿什么都不干是最难的事。"**当市场普遍具有悲观共识的时候，我们可以大胆买入那些之前一直想买入的但由于价格高没有买入的股票，绝对不要等待，千万不要犹豫**。让那些杞人忧天的人做我们的对手盘，我们只负责买够等待了很久的好股票。**你们之前不是都觉得我分析的价值股价格太高吗？现在这些价值股价格降低了，你敢买吗？**另外，不要企图了解每一家公司的生意模式，如果你一直持之以恒地研究一家公司，那么当像疫情这种机会来临时，千万不要犹豫。其实，对普通投资者来说，一辈子了解一家好公司就足够了，这也是我们2020年不再新增价值股的原因，我分析的内容越多，你们的内心越纠结。如果你不能理解透一家公司，那么请回到最保险的投资方法：老老实实地定投指数基金，无论市场怎么变化，越跌越买！

精选留言

平平淡淡：

我现在面对暴跌，心中竟然有一丝高兴的感觉，因为买入的时机又来了。

十点：

你已经是真正的价值投资者了！

第三章

如何定投

为什么强烈建议定投指数基金

为什么我强烈建议大家定投指数基金？这里以沪深 300 指数为例，几乎所有 A 股的价值股都在沪深 300 指数里面，如果大家实在无法找到自己能够理解透的价值股，那么强烈建议大家定投沪深 300 指数对应的 ETF，当然，大家可以根据自己的收入状况确定定投金额。例如，有些人每月的工资是 5 000 元，每月可以拿出 1 000 元，在发工资的第二个交易日定投，我相信 10 年后这会是一笔巨款。10 年总共有 120 个月，根据 120 个月的复利，按照平均一个月 1%、年化收益率 12% ~ 13% 来计算，每月投入 1 000 元，10 年的本金是 12 万元，10 年后理论上本金加收益大概有 23 万元，总体收益接近 1 倍。相对收益率其实更高，因为大家是分期投入这 12 万元的，跟一下子拿出 12 万元是不一样的。我认为定投指数基金对收入不高的朋友来说是一个积累"第一桶金"的好办法，在收入少的时候，大家不要大手大脚地花钱，每月逼着自己拿出 1 000 元来定投，不知不觉就给自己积累了一笔数目不小的财富。大家可以在手头宽裕的时候适当增加定投金额，若干年以后，就可以用这笔钱做更大的投资。只要大家一直坚持价值投资，不论现在有多少钱，20 年后大家都不会缺钱。尤其是那些抽烟的朋友，如果把烟戒了，把买烟的钱拿出来定投指数基金，20年后，这些朋友不但会有一个好身体，还会有一笔数目不小的钱。

所以大家现在投多少钱并不重要，重要的是大家要有正确的投资思路。现代人越来越需要通过动用大脑来赚钱，正所谓思路决定出路。大家想要拥有好的思路，就需要不断地学习、深度学习，知识的积累会让大家拥有更多的素材来探索自己坚信不疑的投资理财之道。否则大家无法做到10年如一日、30年如一日地"傻傻"坚持做一件事情，只要外界一有诱惑，大家就会被吸引过去，上当受骗这种事情就接踵而来。

经常有朋友问我他们应该如何投资基金，应该买什么基金，这些问题都比较复杂，下面我重点讲一下指数基金定投的几个关键点。

（1）定投的最大意义是什么？

首先是强制储蓄和保住本金，其次才是长期增值。因为每月要定期投入一定的资金，所以大家在不知不觉中就存下了一笔"巨款"。同时，大家因为已经通过定投进入股市，就不会再去炒股，特别是做短线炒股了，所以大家基本能够保住本金，即使亏损，幅度也不会太大（从长期来看，亏损的概率极低）。

（2）定投增强型指数基金的优点和缺点是什么？

我们先来谈优点。首先，增强型指数基金由于做了估值的二次筛选，经常会进行一个批量换股操作，即卖出高估的品种，买入低估的品种。另外，为了跟踪指数，增强型指数基金会买入多达100～200个品种的沪深300指数的成份股。这样一来，增强型指数基金基本没有倒闭的可能性，也就是说我们价值投资者最看重的本金安全问题被完美解决了。其次，增强型指数基金发生系统性风险的概率极低，哪怕是股市暴跌，也不会让股民血本无归，所以增强型指数基金的抗风险能力更强。最后，由于增强型指数基金会从优质的跟踪沪深 300 指数的股票中挖掘低估品种，所以市场一旦估值回归，它们的隐含收益率会更高。

我们再来谈缺点。在大牛市，由于市场被整体高估，而增强型指数基金会规避高估值风险，最终会导致业绩跑输大盘。当然，我国股市一般是牛短熊长，所以一般情况下增强型指数基金的整体业绩还是会远远跑赢沪深 300 指数，更远远跑赢大盘指数的。

（3）定投指数基金会亏钱吗？

从短期来看，任何投资品种都会浮亏，指数基金也不例外。是否会亏钱其实跟大家开始投资的时间有很大的关系，如果大家今天买入某只基金，但明天大盘跌了，那大家肯定会亏钱。如果今年市场行情不好，明年和后年市场行情依然不好，那你很可能连续 3 年亏钱。例如，如果有些人从 2010 年开始每月定投某只基金 1 万元，定投到 2014 年，总共 4 年时间，但最后还是亏钱，亏损比例是 –8.36%，亏损金额大概有 4 万元，如图 3-1 所示。

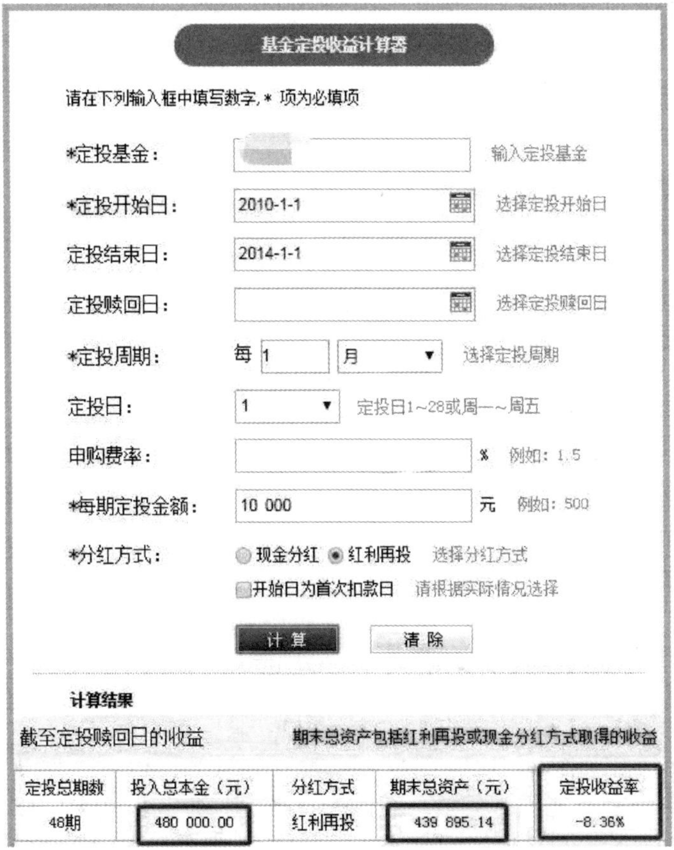

基金定投收益计算器

请在下列输入框中填写数字,* 项为必填项

*定投基金：　输入定投基金

*定投开始日：2010-1-1　选择定投开始日

定投结束日：2014-1-1　选择定投结束日

定投赎回日：　选择定投赎回日

*定投周期：每 1 月　选择定投周期

定投日：1　定投日1~28或周一~周五

申购费率：　%　例如：1.5

*每期定投金额：10 000　元　例如：500

*分红方式：现金分红　红利再投　选择分红方式

开始日为首次扣款日　请根据实际情况选择

计 算　清 除

计算结果

截至定投赎回日的收益　期末总资产包括红利再投或现金分红方式取得的收益

定投总期数	投入总本金（元）	分红方式	期末总资产（元）	定投收益率
48期	480 000.00	红利再投	439 895.14	-8.36%

图 3-1　定投某只基金的收益（2010 年 1 月 1 日—2014 年 1 月 1 日）

如果大家在 2014 年放弃了定投，那最后才是真的亏钱了，而且大家不仅会亏掉本金，还会亏掉这 4 年做其他投资可能得到的收益（比如理财收益）。但是如果大家相信市场会给我们合理的回报，那就继续定投。如果大家坚持定投到 2015 年 1 月 1 日，收益情况如何呢？如图 3-2 所示。

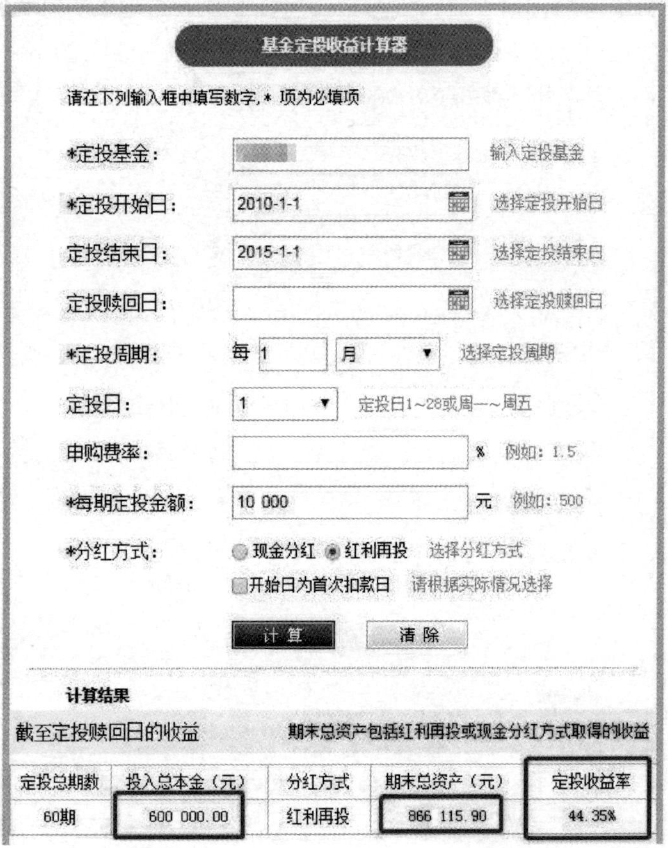

图 3-2 定投某只基金的收益（2010 年 1 月 1 日—2015 年 1 月 1 日）

由图 3-2 可知，虽然从 2010 年 1 月 1 日定投到 2014 年 1 月 1 日，大家会亏钱，但再坚持定投 1 年，大家就赚了 44.35%，总共 5 年时间，平均 1 年的收益率是 9% 左右，远超银行理财产品的收益率。但是，如果大家在 2014 年赎回了定投的指数基金，那么将永久性亏损。所以用闲钱来投资很重要，如果大家在投资

过程中急用钱，很可能就会发生永久性亏损这种事情。如果大家
再坚持定投半年，收益情况又如何？如图 3-3 所示。

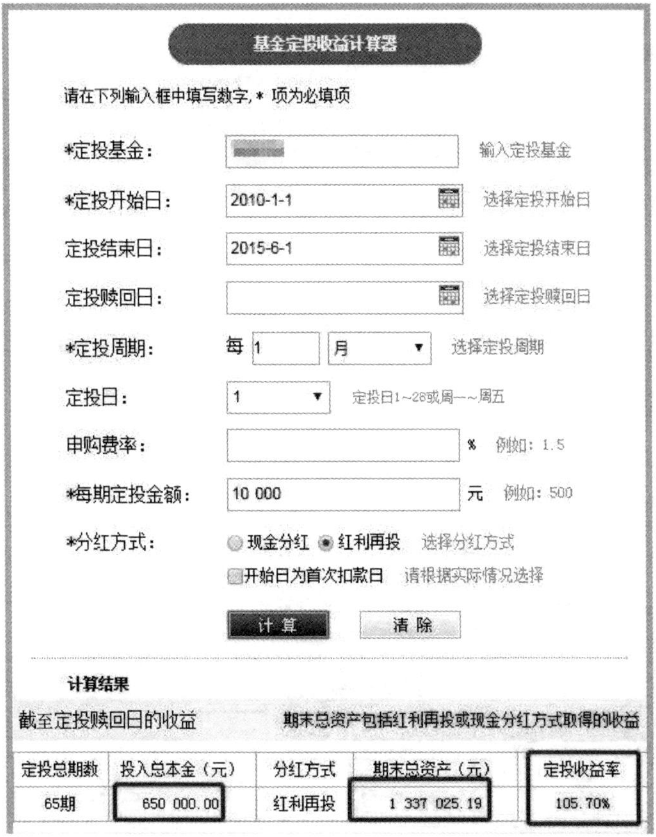

图 3-3　定投某只基金的收益（2010 年 1 月 1 日—2015 年 6 月 1 日）

由图 3-3 可知，如果大家坚持定投到 2015 年 6 月，就赚了
105.7%，在 5 年半的时间里实现收益翻一倍，平均 1 年的收益率
是 20% 左右，本金加收益高达 133.7 万元。也就是说，经过 5 年

半的时间，大家不知不觉就存下了这么大一笔"巨款"，而且也没有花费太多精力。大家只要保证每月节约出 1 万元，确保自动扣款成功，完成持续定投的计划即可。如果大家坚持定投 10 年，收益是多少呢？如图 3-4 所示。

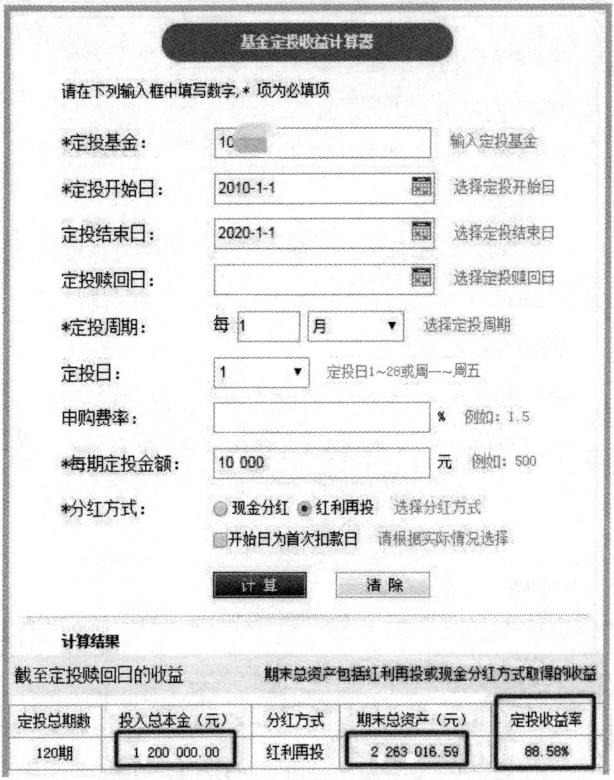

图 3-4 定投某只基金的收益（2010 年 1 月 1 日—2020 年 1 月 1 日）

由图 3-4 可知，大家坚持定投到 2020 年 1 月 1 日，整体收益率为 88.58%。大家会发现，与定投到 2015 年 6 月 1 日相比，整体收益率下降了，原因有两个。

其一，2015 年 6 月是大牛市的顶点，后面指数回落，收益率也有所回落。

其二，随着定投的金额越来越大，后面买入的基金会拉低整体收益率，因为后面所投入资金的时间比较短。

所以我们可以放下整体收益率，来看看期末总资产，它已经高达 226 万元，而大家的本金只有 120 万元，也就是说，10 年下来大家不知不觉就多了 100 多万元的财富。如果在这 10 年期间大家一直炒股，那么能保住本金就不错了，很多炒股的人有可能亏掉 50% 以上的本金。最重要的是，大家浪费了很多精力，在这10 年中，大家花在分析 K 线上的时间肯定很多，过程也很痛苦，有些人甚至荒废了正常的工作和生活。而通过定投指数基金，大家不但获得了超过市场的平均收益，还把工作和生活都安排得井井有条。在 10 年后的今天，有些人也许一个月能够定投 2 万元了，那么未来，大家的财富更会急速膨胀。

总而言之，我们在定投指数基金时，不必要求每天一定获得正收益，在定投指数基金时，大家很可能连续几年都获得负收益。但是以 5 到 10 年为一个周期来看，大家的收益一定远超银行理财产品的收益，更远远超过货币市场基金的收益。所以大家一定要拿闲钱来投资，否则一旦在投资过程中要急用钱并赎回指数基金，就可能会出现永久性亏损。另外，在市场比较火爆的时候，大家可以适当赎回一部分指数基金，或者停止定投。其实，连续几年出现亏损反而是好事，这说明大家买到了越来越多的"便宜货"，且买入的量足够大，当后面市场涨起来时，大家一下子可以赚到很多钱。例如，在 2010 年这个时间点开始定投就非常好。相反，如果大家买入指数基金后就开始赚钱，这说明市场已经开始上涨，大家买入的筹码越来越贵，后续的整体收益也不会太高。无论如何，因为大家选择了定投，而定投摊薄了买入成本和风险，所以大家基本只需要规避掉股票市场最火热的节点，不用管其他的事情，只管自动扣款即可。如果碰到市场极度低迷的情况，大家应该快速加大定投金额，甚至一次性投入一大笔资金，在不久的将来，大家一定会获得很高的收益。在这个过程中，大家不需要预测指数基金何时上涨，只需要按计划完成定投，等待时间的馈赠！

精选留言

洛：

有能力的人可以选择创业，而家庭稳定且有闲钱的人确实要学会投资。我定投指数基金 4 年了，定投其实就是把烟酒钱省下并存起来。

十点：

这个比喻很好，把烟酒钱存起来，也就是把健康存起来。我要置顶你这条留言，它可以改变很多人和很多家庭的命运！

宸羽妈：

我感觉十点老师打开了我的思路，我以前真的不知道要选哪只股票，总是在犹豫中错失了机会！这篇文章一下子点醒我了，以后我就定投沪深 300 指数基金！

网友 14 少：

对于跟踪沪深 300 指数的基金，是该不考虑其他因素，简单采取定期买入策略，还是要考虑价格的波动，采取逢低买入策略呢？

十点：

我进行过数据模拟，从长期来看，在下跌的时候买入与不考虑其他因素定期买入的收益没有太大差别。

红枫刀模：

我做不了最聪明的人，我就做最"笨"的人，没有诀窍就是最好的诀窍！

骸翼：

坚持定投，坚持锻炼身体，一个好的身体就是一笔巨大的财富。

就买宽基指数基金

我在公众号文章里一直跟大家强调：**只买宽基指数基金**，如沪深 300 指数基金、中证 500 指数基金、创业板 100 指数基金、纳斯达克指数基金、恒生中国企业指数基金、标准普尔 500 指数基金等，**不要买主动管理型基金，也不要买行业指数基金**。根据有关数据，近 20 年来我国股市的主动管理型基金的平均年化收益率为 16.5%，有些行业指数基金的年化收益率甚至更高。反观宽基指数基金，例如，沪深300指数基金的年化收益率才8%，中证500指数基金的年化收益率为11%，它们远远不如主动管理型基金的平均年化收益率高，那为什么我还坚持让大家购买宽基指数基金呢？难道我在误导大家吗？答案是否定的。听我详细讲述之后，大家一定还会选择宽基指数基金！

第一，主动管理型基金或者行业指数基金的年化收益率之所以看起来高，是因为它们被平均了！ 这是什么意思呢？就是虽然16.5%的平均年化收益率看似很高，但是实际情况是：10%的头部基金的收益率很高，剩余大部分基金的收益率很低，而且那些收益率很低的基金跑输指数是大概率事件，甚至会长期亏损。国内目前（2020年）公募基金的总数量大约是7 000只，而能够1年跑赢宽基指数基金的公募基金大约有1 000只左右，占总的公募基金数量的15%左右；能够3年跑赢指数基金的公募基金大约有500只左右，占总的公募基金数量的8%左右；能够10年跑赢指数基金的公募基金数量不会超过100只，占2%左右。而大家买中这些能够跑赢指数基金的公募基金的概率有多大呢？绝对远低于大家买中牛股的概率！**我给大家一个数据：目前（2020年）沪深两市的总股票数量是3 800多只，一年能够跑赢指数基金的股票数量占比为30%，也就是大概有1 000多只股票可以跑赢指数基金。**一个概率是15%，一个概率是30%，哪个概率更高呢？

第二，每年跑赢指数基金的主动管理型基金都是一些投资风格比较激进的基金。 虽然主动管理型基金的平均年化收益率为16.5%，但那是因为主动管理型基金的一些投资风格比较激进的基金的超高业绩导致的。例如，今年某位基金经理押中了一只牛股，然后这只基金今年的收益率可能达到 100%，甚至 200%。但是这种投资风格迟早会让基金经理押中有巨大隐含风险的股票。**所以有些今年排名在榜单前几十名的基金，明年可能都不存在了，而且很多时候今年排名在前几十名的基金，明年可能位列倒数几十名。**如果大家真的能做到年年买中这些激进风格的基金，那不如去买大牛股，它会让大家赚更多的钱。但大部分人都不具备这个能力，这也是大家以前买基金赚不到钱的根本原因。但是，如果我们买入宽基指数基金，然后长期持有，那就实实在在地可以拿到高收益。

第三，人们很难看准行业指数。有些人说我可以买行业指数基金，其实如果你能看懂一个行业的未来，那你可以自己买这个行业的龙头股，龙头股的收益一定会远超行业指数基金的平均收益，所以这是一个悖论。你选的行业指数基金的收益往往不太可能超过宽基指数基金的收益，对普通人来说，买到高收益的行业指数基金实在太难了！

很多年前巴菲特立下一个赌约，具体情况如下。

2008 年，巴菲特用 50 万美元作为赌注，与门徒合伙企业立下 10 年赌约：一名职业投资人选择至少 5 只对冲基金，在 10 年的时间内，这位职业投资人选择的对冲基金的表现一定会落后于只收取象征性费用的标准普尔 500 指数基金的表现。

彼时，巴菲特评估自己的胜算大概只有 60%，而门徒合伙企业则认为自己获胜的概率高达 85%。到 2017 年年底，结果如表 3-1 所示。

表 3-1　主动管理型基金和标准普尔 500 指数基金的表现对比

年份	收益率					
	对冲基金组合 A	对冲基金组合 B	对冲基金组合 C	对冲基金组合 D	对冲基金组合 E	标准普尔500 指数基金
2008 年	−16.5%	−22.3%	−21.3%	−29.3%	−30.1%	−37.0%
2009 年	11.3%	14.5%	21.4%	16.5%	16.8%	26.6%
2010 年	5.9%	6.8%	13.3%	4.9%	11.9%	15.1%
2011 年	−6.3%	−1.3%	5.9%	−6.3%	−2.8%	2.1%
2012 年	3.4%	9.6%	5.7%	6.2%	9.1%	16.0%
2013 年	10.5%	15.2%	8.8%	14.2%	14.4%	32.3%
2014 年	4.7%	4.0%	18.9%	0.7%	−2.1%	13.6%
2015 年	1.6%	2.5%	5.4%	1.4%	−5.0%	1.4%
2016 年	−3.2%	1.9%	−1.7%	2.5%	4.4%	11.9%
2017 年	12.2%	10.6%	15.6%	N/A	18.0%	21.8%
总收益率	21.7%	42.3%	87.7%	2.8%	27.0%	125.8%
年化收益率	2.0%	3.6%	6.5%	0.3%	2.4%	8.5%

在 5 个主动管理型基金组合中，表现最好的一个组合的年化收益率是 6.5%，最差的年化收益率只有 0.3%，而大家买中表现最好的那个基金组合的概率只有 20%，买中年化收益率在 2% ~ 3% 的基金组合的概率是 80%。但是，同期的标准普尔 500 指数基金的年化收益率是 8.5%，这个结果已经显而易见了。最关键的是，这 5 个主动管理型基金组合还是美国顶尖的公募基金公司的产品，其余公募基金公司的产品就更不值得一提了。

回到我们的 A 股，从成立以来，这些指数的表现怎么样呢？

沪深市场的沪深 300 指数和中证 500 指数在 2004 年年末都为
1 000 点左右。截至 2018 年年末，沪深 300 指数是 3 000 多点，
在 14 年的时间里翻了大概 3 倍，年化收益率是 8% 左右；中证
500 指数是 4 100 多，在 14 年时间里翻了大概 4.1 倍，年化收益
率是 11% 左右。只要大家长期持有跟踪这些指数的基金，或者长
期定投这些指数基金，都能稳稳妥妥地获得这个水平的收益，且
不会有什么意外情况发生。

　　A 股跟美股最大的不同是它的波动比较大，但这并不影响长
期的稳定收益率，A 股与美股 10 年的走势对比如图 3-5 所示。

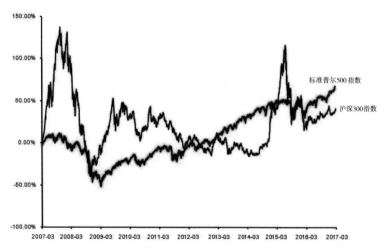

图 3-5　标准普尔 500 指数和沪深 300 指数 10 年的走势对比（2007—2016 年）

　　道琼斯工业指数从成立初期的不到 100 点上涨到 2022 年的 3
万多点，经历了 1929 年的经济危机、两次世界大战、石油危机、
海湾战争、纳斯达克指数泡沫破灭、2008 年的金融危机，从长期

来看，它把一切的坎坷都踩在了脚下。道琼斯工业指数也一直在更新，随着 2018 年通用电气被剔除，最初构成道琼斯工业指数的 12 家上市公司都被剔除出去了，**但指数是可以永续的**。

同样，我国香港股票市场的恒生指数在 1964 年成立时是 100 点，到了 2018 年年末，恒生指数是 25 845.70 点，55 年的年化收益率是 10.5% 左右。到了 2018 年年末，恒生指数算上股息率的全收益指数是 72 232.22 点，在 55 年的时间里翻了 720 多倍，年化收益率是 12.7% 左右。恒生中国企业指数在 1994 年是 1 000 点，在 2018 年年末是 10 124.75 点，在 24 年的时间里翻了大概 10 倍，年化收益率是 10% 左右。**恒生中国企业指数算上股息率的全收益指数是 19 657.04 点，在 24 年的时间里翻了近 20 倍，年化收益率是 13.5% 左右**。

在大量的数据和事实面前，大家应该知道选择什么基金了吧。

精选留言

某网友：

从长期来看，行业指数的收益未必不如宽基指数。消费行业指数和医药行业指数的长期收益一定可以领先沪深 300 指数，芯片行业指数未来 10 年的收益也一定可以跑赢宽基指数。

十点：

如果你能看懂一个行业，我强烈建议你买那个行业的龙头股，不要买基金了。

某网友：

消费行业的龙头公司早已确立，但是医药行业和半导体行业目前还没有出现确定性比较强的龙头公司，我建议看好这些优质赛道的投资者可以先买一些行业 ETF 作为底仓。长期定投宽基指数基金对于大多数新人投资者来说确实可以获得市场平均收益，但是如果大家想要获得超过市场平均水平的超额收益，既不能依靠定投，也不能依靠宽基指数基金，我们必须不断学习，努力成为一名合格的价值投资者或合格的趋势交易者。

大彬：

我最近看了一篇文章，里面有这样几句话："如果我们认为经验会将我们带到距离真相最近的地方，就会掉入过渡拟合于过往经历的陷阱，从而失去准确的预测力。我们在依靠经验进行投资时要时刻保持质疑的态度。"

十点：

我很认同你的观点，时时刻刻保持对市场的敬畏之心，做确定性高的事情，才能立于不败之地！

唯一：

感谢十点老师的分享，让我学到了不少知识。所谓大道至简，最笨的方法其实是最好的方法。买到好公司的股票，然后长期持有，大家都懂这个道理，但真正能拿住股票 3 ~ 5 年的人又有多少呢？大多数人可能要花十多年的时间才能真正做到不被眼前的短期利益所诱惑。克服人性，做最简单且最正确的事，我们就已经成功了。

投资增强型指数基金的真正原因

对大部分普通人来说，在股市中赚钱的唯一途径就是投资宽基指数基金，而要做到低风险高收益的唯一途径就是投资增强型指数基金，很多人可能对这类指数基金一头雾水，我在本节会详细讲一下这类基金。首先给大家看看增强型指数基金的业绩，如表 3-2 所示。

表 3-2　增强型指数基金平均超额收益情况

时间	3 个月	6 个月	1 年	2 年	3 年	5 年
平均超额收益率（%）	0.19	0.72	2.70	6.44	9.80	19.48

数据来源：海通证券的基金超额收益排行榜（截至 2018 年 12 月 28 日）

由表 3-2 可知，增强型指数基金 1 年的平均超额收益率为 2.7%，这个收益率是非常不错的。如果大家选择优秀的增强型指数基金，那么对应的超额收益率会更高。如图 3-6 所示，沪深 300 指数从 2017 年 6 月 1 日到 2020 年 6 月 1 日的涨幅是 12%，一般的沪深 300 指数基金都能跟上这个业绩。不要看不起这个业绩，有些人炒股 3 年依然亏钱。

接着我们再来看看从 2017 年到 2020 年沪深 300 增强型指数基金的业绩情况，如图 3-7 所示。

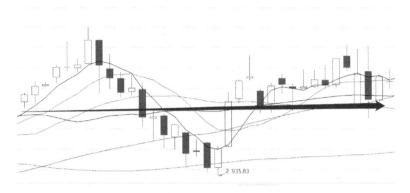

图 3-6　沪深 300 指数涨幅情况（2017—2020 年）

图 3-7　沪深 300 增强型指数基金业绩情况（2017—2020 年）

　　如图 3-8 所示，大家可以发现：增强型指数基金的业绩几乎
都能跑赢沪深 300 指数的业绩，表现最差的红土创新沪深 300 增
强 A 从 2019 年 2 月开始，在一年多的时间里也有 13.54% 的业绩。
而最底下的东吴沪深 300A 是一般类指数基金，业绩非常差劲，
远远跑输沪深 300 指数的业绩。

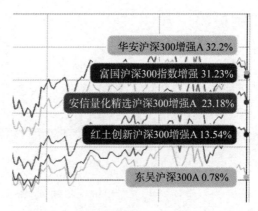

图 3-8   沪深 300 增强型指数基金业绩情况（2019—2020 年）

最后我们再详细讲一下增强型指数基金的具体运作原理：增强型指数基金以不低于非现金基金资产 80% 的仓位投资于标的指数成份股和备选成份股，通过超配或低配这些股票，充分利用剩下的仓位做全市场选股或其他投资策略，力争获取超越指数表现的超额收益。同时，还必须说明一点：增强型指数基金的投资效果并非每时每刻都在增强，中长期持有增强型指数基金的效果会好于短期持有。我再通俗地讲一下，一般类指数基金就是把指数的一篮子股票一模一样地复制一下。而增强型指数基金，是在买入的一篮子股票中卖出被高估的股票，买入被低估的股票，对股票做一个动态的调整。这种调整策略有利有弊，弊端是：因为在大牛市中很多被高估的股票会上涨很多，所以很多增强型指数基金在大牛市中会跑输市场。不过 A 股市场是典型的牛短熊长，所以增强型指数基金的业绩会跑赢指数的长期业绩。总而言之，历史数据证明增强型指数基金会跑赢一般类指数基金，而且它的风险更低，回撤幅度更小，因此适合大部分人进行投资。

可以优化定投吗

有的朋友问我：可以优化定投吗？答案是肯定的，但是一般情况下，大家优化来优化去，最后的结果都差不多。所以我们不要把定投复杂化，定投的目的就是把投资简单化，让我们腾出精力去做自己擅长的本职工作，然后让我们赚取更多的收入增加定投金额，再获取超过市场的平均收益。有一个残酷的现实是：市场上的那些优化定投组合，效果几乎都一般，或者说即使它们在一段时间内能够跑赢市场也不代表能够长期跑赢市场，下面我给大家看几个市场上很有影响力的大 V 优化的组合的收益情况。

如图 3-9 所示，这个组合成立两年多了，总收益率是 0.68%，这个收益还不如不优化的收益，而且这个组合的主理人还是很有影响力的财经大 V。

图 3-9　某组合收益情况 1

如图 3-10 所示，这个组合成立 3 年多了，总收益率是

27.46%，成立以来的年化收益率是 7.73%，这也是一个网络大 V
优化的组合，它的表现还算不错。

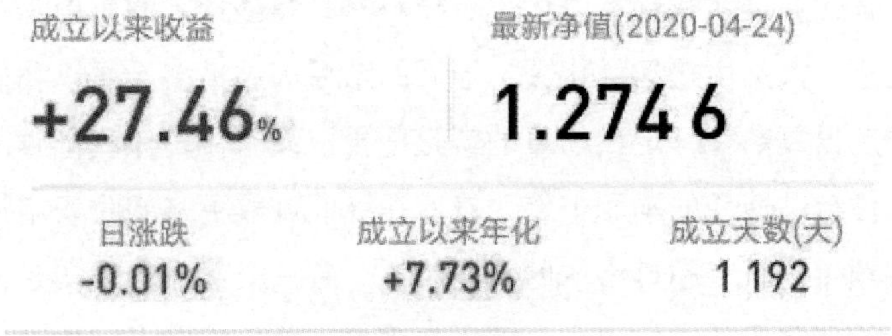

成立以来收益	最新净值(2020-04-24)	
+27.46%	**1.2746**	
日涨跌	成立以来年化	成立天数(天)
-0.01%	+7.73%	1 192

图 3-10 某组合收益情况 2

如图 3-11 所示，这个组合成立 4 年多了，总收益率是
28.95%，成立以来的年化收益率是 6.07%，表现也还算可以。

成立以来收益	最新净值(2020-04-23)	
+28.95%	**1.2895**	
日涨跌	成立以来年化	成立天数(天)
-0.44%	+6.07%	1 578

图 3-11 某组合收益情况 3

假如我们以富国沪深 300 指数增强 A（基金代码：100038）
为例，统计它从 2010 年到 2020 年的收益情况，如图 3-12 所示。

定投收益率　　　期末总收益(元)

74.01%　　**458 836.98**

投入本金(元)：　**620 000.00**

期末总资产(元)：　**1 078 836.98**

图 3-12　富国沪深 300 指数增强 A 的收益情况（2010—2020 年）

　　从 2010 年到 2020 年，富国沪深 300 指数增强 A 的年复合收益率是 4.5%，平均每年的收益率为 7% 多，这远超银行理财产品的收益率。所以定投并不会让大家获得想象中的高收益。定投其实就是强制你储蓄，然后不让你在股市亏钱，进而实现财富的积累。通过定投实现暴富是不可能的事情，现实生活也没有什么暴富的手段，除非你中了彩票。

　　从 2012 年到 2020 年富国中证 500 指数增强（LOF）A（基金代码：161017）的收益情况如何呢？如图 3-13 所示，它的年复合收益率是 4.9%，平均每年的收益率为 6% 左右。从长期来看，它的收益跟富国沪深 300 指数增强 A 的收益差不多，所以大家在选择指数的时候也不用太纠结。

定投收益率	期末总收益(元)
48.79%	**248 832.43**

投入本金(元)： **510 000.00**

期末总资产(元)： **758 832.43**

图 3-13　富国中证 500 指数增强（LOF）A 的收益情况（2012—2020 年）

我不建议大家优化定投，这会使投资复杂化，多赚工资和多存钱才是最重要的事情。为了每年多赚 1% ~ 2% 的收益，浪费很多精力，这是得不偿失的。**做无意义的努力，还不如去休息。**由图 3-12 可知，大家从 2010 年开始定投富国沪深 300 指数增强 A，每月定投 5 000 元，到 2020 年，期末总资产有大约 107 万元。这就是我在前文中讲的内容：大家如果想在 10 年后拥有百万元的资产，那么就从现在开始每月存下 5 000 元用来定投。有些人肯定会说，10 年后的 100 万元就不值钱了，因为通货膨胀了。有这种想法的朋友可以想想：如果你选择炒股，10 年后还有多少钱？很多人可能现在拥有 100 万元，但是炒股 10 年后可能就只有 5 000 元了。而如果大家选择定投指数基金，现在每月定投 5 000 元，10 年后所投的钱就变成 100 多万元了。

如果大家真的很想优化定投，我有一个方法：**如果市场处于低估区域，大家可以加倍定投，在有资金的前提下大家可以增加 5 倍、10 倍的资金去定投；如果市场处于过热阶段，大家可以**

减少定投或暂停定投，甚至可以赎回一些基金。按照这个优化方法，10 年以后大家至少可以增加 30% ~ 50% 的收益。对于这一点我非常有自信，因为资本市场的永恒规律就是：在便宜的时候多买点，在贵的时候少买点或不买。

精选留言

衣迹：

价格围绕价值上下波动是高中学到的知识，现在看来这句话绝对是真理，价格低的产品早晚会涨上去，价格高的产品早晚会跌下来。

指数高的时候能定投吗

经常有人问我：现在市场涨高了，我还能定投吗？我再次向大家强调一下：**在任何时候、任何情况下大家都可以开始定投，而且越早开始定投越好**！我为什么这么说呢？首先，定投的最大意义不是增值，而是强制储蓄。其次，定投能够节省大量的研究精力，让大家省出精力来做好本职工作，回归家庭，同时又能让大家战胜 90% 的投资者。明白这两点之后，大家才能安心定投。我给大家举两个极端的例子。

第一个例子是：**大家从 2007 年牛市顶端开始定投沪深 300 指数基金，持有到 2020 年，总收益是多少**？如图 3-14 所示，假如我们每月定投 5 000 元，经过 13 年的时间，总资产可以高达 208 万元，定投收益率为 164.13%。大家要注意，这个定投收益率是根据总资产计算出来，所以实际的收益率远远高于这个数字，因为这 79 万元本金是按月存进去的，不是一次性投入的。另外，13 年可以存下 208 万元，这个数字不小吧？而且我们还是从牛市的顶端开始定投的。

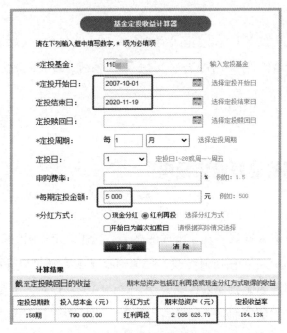

图 3-14 每月定投沪深 300 指数基金 5 000 元的收益

（从 2007 年牛市顶端到 2020 年）

2007 年 10 月是百年一遇的大牛市最顶端！如果大家在那时购买了热点股票，估计到 2020 年还未解套，而且在这个过程中，大家的内心肯定很煎熬。但如果大家在那时选择定投指数基金，情况就完全不一样了。

第二个例子是：大家从2008年熊市底部开始定投沪深300指数基金，持有到2020年，总收益是多少？如图3-15所示，假如我们每月定投5 000元，经过12年的时间，总资产可以高达193万元，定投收益率为167.08%，比从2007年牛市顶端开始定投多了大约3个百分点的收益率。大家觉得这两个数字相差很多吗？其实我们完全可以忽略不计。我们主要看总资产，从牛市顶端开始定投比从熊市底部开始定投多了大概15万元。

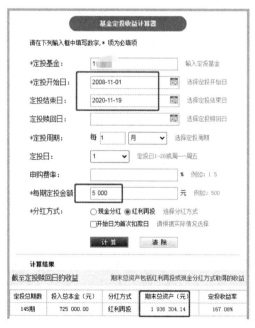

图3-15 每月定投沪深300指数基金5 000元的收益

（从2008年熊市底部到2020年）

2008 年，我们经历了世界范围的金融危机，如图 3-16 所示，11 月大盘见底，从 6 124.04 点单边下跌了 4 000 多点，跌幅高达 70%，还有很多个股的跌幅高达 90%，市场哀鸿遍野，惨不忍睹！

图 3-16　2008 年 11 月大盘见底

通过以上两个例子，我们可以知道，我们不用择时定投，而且越早开始定投越好！无论你是从 6 124.04 点的历史最高点开始定投，还是从 1 664.93 点的历史低点开始定投，10 年后的总收益率差距只有大约 3 个百分点。何况我们平时的择时点位根本没有这么大的差别，所以最终的收益率差距可能还不到 1 个百分点，因此大家不用太纠结当指数高时能不能定投这个问题，越早开始定投，赚的钱越多！

精选留言

网友王家龙：

十点老师，我还有 30 万元的房贷要还，每月还 3 000 多元，而我手上刚好有 30 万元，请问我是不是可以先一次性还清房贷，然后把每月要还房贷的 3 000 多元拿来定投指数基金呢？

十点：

千万不要一次性还掉房贷，房贷是生钱的资产。例如，房贷利率是 5%，而你定投的收益率可以达到 10%，那么它们相差的 5 个百分点就是你多赚的钱。你可以把 30 万元分成 30 份，每月定投 1 万元，分两年半定投完，如果遇上大盘大跌的情况可以再多投一点。

华姐：

老师您好！我原来不明白定投的意思，看了您的文章后了解了很多。我每月的退休工资只有 4 000 元，请问我每月应该定投多少钱呢？

十点：

因为你已经退休了，对你而言，重要的事情是享受生活，所以不要像年轻人一样把所有的零花钱都拿去投资。我建议你从 4 000 元里面拿出 1 000 元来定投，花掉其余的 3 000 元，好好享受生活。

什么时候加倍定投

阶段性低点一般在市场加速下跌之后出现，因为温和的下跌无法止住抛盘，只有市场疯狂下跌以后，扛不住的人才会全部抛出持有的基金或股票，然后市场抛盘会迅速减少，短线止跌随之出现。说实话，每个人在面对账户缩水时都会心疼，毕竟这些都是自己辛苦赚来的钱。那怎么做才能成为不"割肉"的人呢？我告诉大家两个方法。

第一，关闭账户，不去盯盘，这是最有效的方法，也是大家最容易做的事情。

第二，认识到没有人可以准确地做到卖到最高点，买在最低点，并接受这个现实。一般只要在"高点"卖出的人，都不能在低点买到，这是事实，也是大家反反复复遇到且经历过的事情。从长期来看，高抛低吸失败的概率更高，不如一直持有赚的钱多。

只要大家做到以上两点的任何一点，都可以很坦然地面对市场的波动，会明白眼前的亏损只是浮亏，不是真的亏损。

2021年，有粉丝给我留言说"2020年的盈利都跌完了"，说出这种话的人应该好好反思一下：自己是不是还在跟着市场的情绪走？如果大家也说过这种话，那么一定要好好反思，否则永远无法走出亏损的阴影。下面我总结了"2020年的盈利已经跌完"的两种情况，大家有则改之，无则加勉。

第一种情况是，大家在市场便宜的时候买少了，而在市场涨起来之后又买多了，特别是在 2021 年春节之后，很多人大幅加仓股票或基金。由于春节前，市场给大家发了一波"春节红包"，很多人就忘记了市场风险，对股票兴趣大增，尤其是在春节期间走亲访友时，大张旗鼓地吹嘘自己赚了多少钱。说者无心，听者有意，于是春节过后很多人把年终奖都投了进去。但是春节过后市场快速下跌，这些人连"喘气"的机会都没有。如果有些人属于这种情况，请记住教训，这是你应该付的"学费"。但是大家一定不要白付出，等下次低吸的机会来了，我们再赚回来即可。

以华泰柏瑞沪深 300 ETF（基金代码：510300）为例，我给大家还原一下第一种情况的整个情景。如图 3-17 所示，2020 年 7 月股市开始涨起来，有些人打算先不入手，想等到股市下跌时再入手，但是股市一直不下跌，于是这些人想了想：先买 1 万元吧！2021 年春节之后，他们经过考虑，终于决定再加仓 10 万元，即 10 万 +1 万 +2 000（利润）=11.2 万元。但是春节之后市场跌了 12%，即亏损了 11.2 万 × 12%≈1.34 万元。这样一算，大家 2020 年投入的 1 万元本金和利润全部没有了。

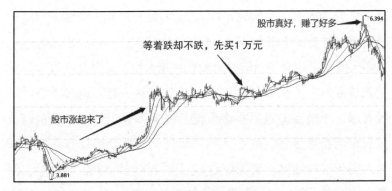

图 3-17　错误做法情景还原 1

正确的做法应该如图 3-18 所示。

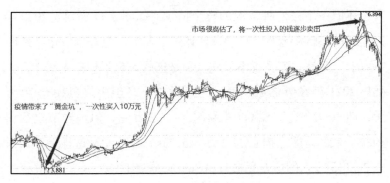

图 3-18　正确做法情景还原

　　如果大家能够在疫情开始时一次性投入 10 万元，那么持有到 2020 年年底，本金加利润应该是 16.5 万元。如果在这个过程中大家逐步撤离，我们按剩下三分之一，即 5 万元左右来计算。如果 5 万元跌了 12%，也就是亏损 6 000 元，而前面撤出的十多万元大概跌了 5%，也就是 5 000 元左右。我们将两者相加，即

2021 年总共回吐 2020 年 1 万多元的利润，还剩 5 万元左右的利润。即使在这个过程中大家没有撤离，总共亏损为 16.5 万 × 12%=1.98 万元，这也才回吐大概 30% 的利润。

第二种情况是，有的人买了高估值的股票，没有等到涨幅，却"吃"到了跌幅。很多人往往在牛市刚开始时购买基金，然后看着基金才涨 20%、30%，再看看排行榜里的股票都翻了几倍，于是觉得买基金赚的钱太少，接着就进行了"英明"的"调基换股"，而且只买入涨得好的股票。我相信很多人都是根据涨幅榜购买股票的，哪只股票涨得好，就买哪只。殊不知，在几千只股票里面只有几只股票涨得好，如果大家在 2020 年随机购买股票，结果大概率也是亏钱（根据某大型证券公司的统计，2020 年 65% 的股票投资者是亏钱的）。因为大家买到那些涨得好的股票的概率极小（千分之几），又因为短线进出，大家更赚不到像指数基金那样 30% ~ 40% 的盈利了。如果有些人属于这种情况，那么必须反思自己的错误行为，记住教训。

以洋河股份为例，如图 3-19 所示，假如大家在 2020 年 10 月买入 1 万元的洋河股份，持有到 2020 年年底，一共获得盈利 8 000 元，在两个月的时间赚到了超过很多普通人一个月工资的钱。然后大家开始幻想："如果我买了 10 万元，那就可以赚 8 万元，盈利超过我一年的工资啊。"于是，有些人在 2021 年 1 月加仓 10 万元，总共投入 10 万 +1 万 +8 000=11.8 万元的本金，开启新年"发财之路"。结果，洋河股份在 2021 年开始疯狂下跌，到 2021 年 3 月 9 日累计下跌超过 35%，即亏损 11.8 万 ×35%=4.13 万元。这些人不仅把 2020 年投入的 1 万元本金和 8 000 元利润都亏没了，还把 2021 年投入的钱亏掉了很多。

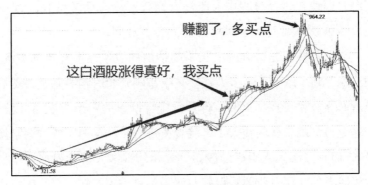

赚翻了，多买点 964.22

这白酒股涨得真好，我买点

321.58

图 3-19　错误做法情景还原 2

　　以上现象长期存在于普通散户中，如果大家不改变现状，只会一直亏钱。我希望大家都能够清醒地对待市场，将大部分资金专注用于长期定投指数基金，不参与短线交易，不盯盘，努力工作，相信大家的未来都会很美好。最关键的是，这样做之后大家的现在也会很美好！

精选留言

网友顾××：

我一直坚持长期定投，2020 年疫情带来"黄金坑"时我加了重仓，2021 年春节刚过我就把 2020 年的利润全部套现了。投资其实不难，难的是我们如何保持好心态。

每月的几号定投赚的钱最多

经常有人想通过优化定投时间点的方式获取超额收益，而最终的结果真的更好吗？到底每月的几号定投赚的钱最多？是每月定投一次赚的钱最多，还是定投多次赚的钱最多？带着这些问题，我们以某只沪深 300 增强型指数基金为例（不公开具体哪只基金），回测 2010—2020 年的数据，大家看完这些内容就都明白了。

我们首先回测每月定投的历史数据。

第一种情况如图 3-20 所示：每月 1 日定投 4 270 元，累计投入本金 51.24 万元，最后获得本金加收益总计大概 110.6 万元，整体收益率为 116.01%，年化收益率为 8.01%。

计算结果

截至定投赎回日的收益		期末总资产包括红利再投或现金分红方式取得的收益		
定投总期数	投入总本金（元）	分红方式	期末总资产（元）	定投收益率
120期	512 400.00	红利再投	1 106 836.86	116.01%

图 3-20　每月 1 日定投的收益

第二种情况如图 3-21 所示：每月 15 日定投 4 270 元，累计投入本金 51.24 万元，最后获得本金加收益总计大概 110.1 万元，整体收益率为 114.84%，年化收益率为 7.95%。

计算结果				
截至定投赎回日的收益		期末总资产包括红利再投或现金分红方式取得的收益		
定投总期数	投入总本金（元）	分红方式	期末总资产（元）	定投收益率
120期	512 400.00	红利再投	1 100 860.89	114.84%

图 3-21　每月 15 日定投的收益

第三种情况如图 3-22 所示：每月 28 日定投 4 270 元，累计投入本金 51.24 万元，最后获得本金加收益总计大概 110.6 万元，整体收益率为 115.75%，年化收益率为 7.99%。

计算结果				
截至定投赎回日的收益		期末总资产包括红利再投或现金分红方式取得的收益		
定投总期数	投入总本金（元）	分红方式	期末总资产（元）	定投收益率
120期	512 400.00	红利再投	1 105 506.81	115.75%

图 3-22　每月 28 日定投的收益

我们再来回测每周定投的历史数据。

第四种情况如图 3-23 所示：每周一定投 1 000 元，累计投入本金 51.20 万元，最后获得本金加收益总计大概 110.1 万元，整体收益率为 115.06%，年化收益率为 7.96%。

计算结果				
截至定投赎回日的收益		期末总资产包括红利再投或现金分红方式取得的收益		
定投总期数	投入总本金（元）	分红方式	期末总资产（元）	定投收益率
512期	512 000.00	红利再投	1 101 118.18	115.06%

图 3-23　每周一定投的收益

第五种情况如图 3-24 所示：每周二定投 1 000 元，累计投入本金 52.00 万元，最后获得本金加收益总计大概 111.8 万元，整体收益率为 115.01%，年化收益率也是 7.96%。

计算结果

截至定投赎回日的收益			期末总资产包括红利再投或现金分红方式取得的收益	
定投总期数	投入总本金（元）	分红方式	期末总资产（元）	定投收益率
520期	520 000.00	红利再投	1 118 059.37	115.01%

图 3-24　每周二定投的收益

第六种情况如图 3-25 所示：每周三定投 1 000 元，累计投入本金 51.90 万元，最后获得本金加收益总计大概 111.4 万元，整体收益率为 114.70%，年化收益率为 7.94%。

计算结果

截至定投赎回日的收益			期末总资产包括红利再投或现金分红方式取得的收益	
定投总期数	投入总本金（元）	分红方式	期末总资产（元）	定投收益率
519期	519 000.00	红利再投	1 114 277.27	114.70%

图 3-25　每周三定投的收益

第七种情况如图 3-26 所示：每周四定投 1 000 元，累计投入本金 51.80 万元，最后获得本金加收益总计大概 111.8 万元，整体收益率为 115.85%，年化收益率为 7.95%。

计算结果

	截至定投赎回日的收益		期末总资产包括红利再投或现金分红方式取得的收益	
定投总期数	投入总本金（元）	分红方式	期末总资产（元）	定投收益率
518期	518 000.00	红利再投	1 118 100.08	115.85%

图 3-26　每周四定投的收益

第八种情况如图 3-27 所示：每周五定投 1 000 元，累计投入本金 51.80 万元，最后获得本金加收益总计大概 111.6 万元，整体收益率为 115.52%，年化收益率为 7.98%。

计算结果

	截至定投赎回日的收益		期末总资产包括红利再投或现金分红方式取得的收益	
定投总期数	投入总本金（元）	分红方式	期末总资产（元）	定投收益率
518期	518 000.00	红利再投	1 116 376.13	115.52%

图 3-27　每周五定投的收益

通过以上数据可知，无论大家怎么变换定投的时间点，最终结果的差异几乎可以忽略不计。对大家来说，唯一有效的优化方法就是：尽可能早点开始定投、尽可能多定投一些钱，最终大家肯定能存下更多本金，获得更多收益。有些所谓的优化方法可能在短期内有效，但是一旦我们将时间拉长到 5 年或 10 年，那么优化方法的短期优势基本会被削弱掉，甚至成为劣势。而我们在做基金定投时起码以 5 年为一个单位，有的人甚至进行终身定投，所以短期优势没有意义。

根据上述分析，我们可以得出以下结论：大家不要在选择定投时间点上花费多余的精力，只要保证在每月发工资的次日能够自动扣费成功即可。大家应该把精力全部放在本职工作上，争取升职加薪，赚取更多的现金来增加每月定投的金额，这样大家一定会越来越富有。

精选留言

北欧：

我想请问一下十点老师：如果我不选择定投，只是在每次大盘大跌时多投一些钱，这种操作可行吗？

十点：

这又是一个择时的问题，你怎么知道市场每年会给你这个机会呢？如果市场今年上涨了，明年继续涨，那你今年投不投呢？如果市场每年都上涨，连续上涨 10 年，那你能等 10 年吗？我们不要预测市场，尽量做到不管市场是涨还是跌，都分批定投，那么如果市场上涨时你可以持续赚钱，如果市场下跌时定投又可以帮你分摊成本，这样能保证你的未来具有更大的确定性。

此处网友原意为：

选择每周四定投的收益最高，因为 A 股有"黑色星期四"的说法。

十点：

这是典型的短期优势，把时间拉长 10 年来看，结果差距不大，不要刻舟求剑。

一只便宜的指数基金

2020 年 9 月，易方达恒生国企 ETF（基金代码：510900）的价格非常低，已经快要接近之前 2020 年 3 月的低点了。早期有些买入这只 ETF 的人肯定很绝望，因为股价快跌到成本价附近了。在这时大家应该怎么操作呢？我相信很多人有过很多次"割肉"的念头，或许有些人已经"割肉"，心中十分不痛快！但是，这种不痛快的情绪会让大家失去理智，甚至做"傻事"。遇到这种情况大家一定要冷静，才能做出理智的决定。

只要大家把观察周期拉长到以年为单位，就可以超越 90% 的人的判断能力。如图 3-28 所示，大家可以一目了然地看到易方达恒生国企 ETF 的年 K 线走势，但凡历史上年线收阴的年份，次年最差的收益率是 2016 年的 6.14%，但是随后的 2017 年的收益率是 18.14%。两年的收益率之和是 24.28%，年化收益率也在 10% 以上（11.36%）。2013 年的大阴线之后，2014 年的收益率是 20.49%；2018 年大阴线之后，2019 年的收益率是 16.7%。

肯定有人看不上这一年 10% 的收益率，他们想要的可能是一天 10%、一年几倍的收益。如果你是这样的人，那就去自寻发财之路，我这本书里肯定没有你想要的方法，我这里只有每年 10% 左右的稳稳盈利。如果让我冒着很大的风险去赚 100% 的收益，那我宁可要这稳稳的 10% 的收益，因为我相信时间会给我最好的回报。如果我冒着很大的风险，今天侥幸赚了 100% 的收益，那么我肯定会越来越胆大，这个时候"灾难"也会随之而来。

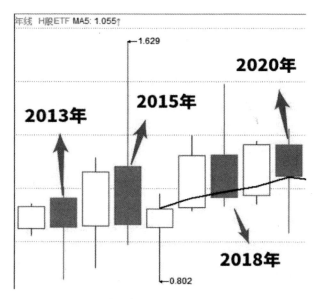

图 3-28 易方达恒生国企 ETF 的年 K 线走势

巴菲特曾经讲过一个著名的例子：在 6 个弹孔的左轮手枪里只有 1 颗子弹，如果让你对着自己的脑袋开一枪，然后给你 100 万美元，你愿意做吗？很多人会摇头，拒绝做这件事。为什么不做呢？因为一旦失败，代价过于惨重。也有人点头，选择做这件事。为什么做呢？因为他们冒着六分之一的风险，一旦成功就可以改变人生。

选择做的人有什么共同点呢？他们一般都是钱不多、期望用 100 万美元改变人生的人。但如果是巴菲特，他肯定不做。即使是现在衣食丰足的大家，你们都未必选择做此事。

我们把这个例子的条件改一下：如果这把手枪有 100 个弹孔，里边只有一颗子弹，让你对着自己的脑袋开枪，然后给你 100 万美元，你愿意做吗？这次愿意开枪的人数肯定比上次多了。为什么？因为付出代价的概率降低了。但是同样，只要被打中了，生命就结束了。我们大多数人其实本来生活得都不错，家庭幸福美满，工作收入稳定，但是有的人还坚持去打这个"左轮手枪"，而且明知有六分之一的概率会被打中，还锲而不舍地去做这件事，结局能好到哪儿去呢？

这个世界上风险很多。如果大家拿着巴菲特说的这把枪，开一枪未必会出事情，但是如果大家经常开，迟早会出事情，这就是赌徒的宿命。那些追求一夜之间改变自己生活的人，为了实现这个"美好"的愿望，会不断往绝路上走。纵观当前的金融骗局，入局的人和巴菲特说的这个例子中愿意开枪的人十分相像。那些受骗者又可以分为两种人。

第一种，是明知是骗局的人。这种人拿着巴菲特说的这把枪，开了一枪之后枪没响，觉得自己运气好；过两天他再开一枪，还没响，于是他觉得自己十分幸运，可能这把枪永远不会响。但是等下一次他再开枪时，枪响了，他的生命结束了。这种人死于贪婪。

第二种，是不知道这是骗局的人。这种人根本不知道枪里有子弹，他觉得这只是一把玩具枪，开一下枪就有人给钱，这是多么好的事情啊。而他一开枪，枪响了，他的生命结束了。这种人死于愚蠢。

无论是贪婪还是愚蠢，只要他们赚了一次"钱"，就早晚要把性命搭上。当然，也有运气最差的人，他们第一次开枪就被打中，一次钱都没赚，还把性命搭上了。只要大家选择进入这个游戏，失去生命的概率就极高。有人会说，如果我开了两枪，枪没响，我就选择离场，这样不就赚钱了吗？但是，那时候你真的能离开吗？

有的人放着指数基金定投这种低风险的赚钱方式不要，嫌弃100元太少，选择每天追涨停板这种危险的方式去赚那100万元，结果钱没赚到，生命没了。而那些稳稳地赚到100元的人，会幸福安稳地过着财富慢慢多起来的日子，很快他就不止赚了100万元，而是1 000万元，甚至1亿元。而且他每天睡得很踏实，过得很幸福！大家愿意做哪种人呢？想必通过这个形象的例子，答案已经一目了然。

精选留言

寻戟：

我关注十点老师已经有两年了，从不相信到相信，从不接受到接受，从自以为是到敬畏市场。以前我害怕市场下跌，现在市场一下跌我就有点兴奋。我还在努力克服急功近利的心态，每次感到害怕时，我就有意识地提醒自己：把时间拉长来看，不要在乎短期涨跌，股市波动是常态，要正确理性地看待股市的上下起伏。

可以买科创板 50 指数基金吗

2020 年 9 月 17 日，我写了一篇关于科创板 50 指数基金的专题文章，**当时我的观点是：在所有人都抢着去买一个产品的时候，我们要学会冷静，那么最后你一定是受益的人！** 每一次当一个新的产品被推出来时，产品的热度往往很高，很多人一窝蜂地购买，但大部分人的结果都是亏钱出局。

首批科创板 50ETF 在 2020 年 11 月 16 日上市，最高价冲到 1.530 元。在开盘的一瞬间，如果大家以为发财的机会来了，一股脑儿冲进去，那么到 2020 年 12 月 10 日至少亏损 15% 以上。

如图 3-29 所示，这是华泰柏瑞上证科创板 50 成份 ETF（基金代码：588090）上市当天的分时图，由图片可知，这只基金几乎是单边下跌。这只基金上市之后基本是"跌跌不休"，到 2020 年 12 月累计下跌将近 12%。大家别小看这个 12%，要知道，我们对长期投资指数基金的预期年化收益率也只有 8% ～ 10%，如果大家是在高位买入，就已亏损了一年的投资收益。**如果大家再计算一下复利，以两年为一个周期，一种情况是：去年赚 10%，今年亏 10%，两年零收益！** 另外一种情况是：去年赚 10%，今年继续赚 10%，两年的复利收益为 21%！这两种情况的差距为 21 个百分点，这可不是一般的差距。所以大家在做投资时，**要享受复利增长，最重要的事情是：控制风险，特别是控制亏损。** 大家只要做好这件事，哪怕收益增长得慢一点，最后你也是最快变富的那部分人。

图 3-29 华泰柏瑞上证科创板 50 成份 ETF 上市当天的分时图

我们可以看一下科创板 50ETF 上市以来的走势图，可以说是一路下跌，如图 3-30 所示。

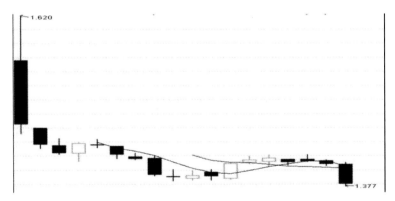

图 3-30 科创板 50ETF 上市以来的走势图

那么到底能不能买科创板 50 指数基金呢？首先，我坚定地看好科创板，毕竟它是依照深圳创业板和美国纳斯达克的模式来设计的，代表新经济的未来，从长远来看，它未来很有可能成为中国的纳斯达克。所以从长期来看，科创板 50 指数一定是上涨的，而且跑赢大盘指数甚至沪深 300 指数的概率很大。

科创板 50 指数的走势图如图 3-31 所示，从 2020 年 11 月 16 日的 1 520.27 点下跌到 2020 年 12 月 9 日的 1 365.04 点，累计下跌了约 155 点。科创板 50 指数在短期内有一定的跌幅，但是跌幅也没有很大，差不多 10%。

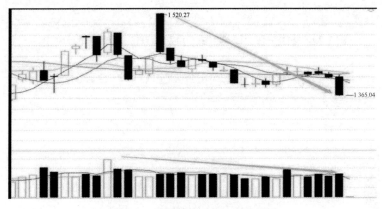

图 3-31　科创板 50 指数的走势图

所以我给大家的意见如下。

（1）**可以购买科创板 50 指数 ETF**，但是买入量不要超过总资金的 10%，在它每次下跌 2% ~ 3% 时继续加仓。这个百分比不用太精确，差不多即可，而且也是因人而异。如果大家手里的资金较多，可以在它下跌 1.5% 就加仓，如果大家手里的资金较少，可以等它下跌 5% 再加仓，这没有标准。总之，大家不要太纠结，买在低位肯定没错，因为我们无法预测未来。

（2）**定投场外科创板 50 指数基金**。无论大家是在大牛市顶端开始定投，还是在大熊市底部开始定投，从长期来看收益率几乎一模一样。拉长时间来看，任何金融危机都不是风险，所以大家可以随时开始定投。

从长期来看，科创板 50 指数有很大概率跑赢大盘，因为我们坚定地看好中国的未来。一定会有好的公司不断上市，也会有好的公司不断被选入科创板 50 指数，所以指数永远不会倒闭。

年化收益率超过 20% 的指数

纳斯达克 100 指数相当于 A 股的创业板指数，纳斯达克 100 指数由在纳斯达克市场上市的 100 家优秀的公司组合而成，在 1971 年成立，由 100 点起步，到 2021 年正好 50 年，上涨了近 141 倍，平均年化收益率为 10.5%，如图 3-32 所示。

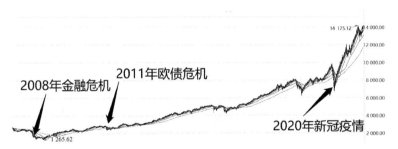

图 3-32　纳斯达克 100 指数涨幅情况

标准普尔 500 指数相当于 A 股的沪深 300 指数，由美国最好的 500 家公司组合而成。标准普尔 500 指数在 1957 年成立，由 10 点起步，到 2021 年正好 64 年，上涨约 418 倍，平均年化收益率约为 10%，如图 3-33 所示。

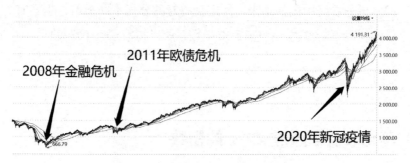

图 3-33　标准普尔 500 指数涨幅情况

以上是美股主要的两大指数。自从新冠疫情暴发以后，纳斯达克 100 指数从 2020 年 3 月 23 日到 2021 年 4 月 15 日累计上涨 104.07%，如图 3-34 所示。

区域统计				
开始: 2020/03/23 结束: 2021/04/15		总个数:	269	
起始价: 6 879.52	最终价: 14 038.76	均价:	11 308.75	
最低价: 6 631.42	最高价: 14 175.12	涨跌幅:	104.07%	
振幅: 109.65%	板块涨跌幅: —	大盘涨跌幅:	—	
总手: 1.19万亿手	金额: 0	换手率:	0.00%	
阴线: 111	阳线: 158	平线:	0	
资金净流向: —				

图 3-34　纳斯达克 100 指数涨幅（2020 年 3 月 23 日—2021 年 4 月 15 日）

同样，标准普尔 500 指数从 2020 年 3 月 23 日到 2021 年 4 月 15 日上涨了多少呢？如图 3-35 所示，答案是 80.63%，它的涨幅小于纳斯达克 100 指数的涨幅。

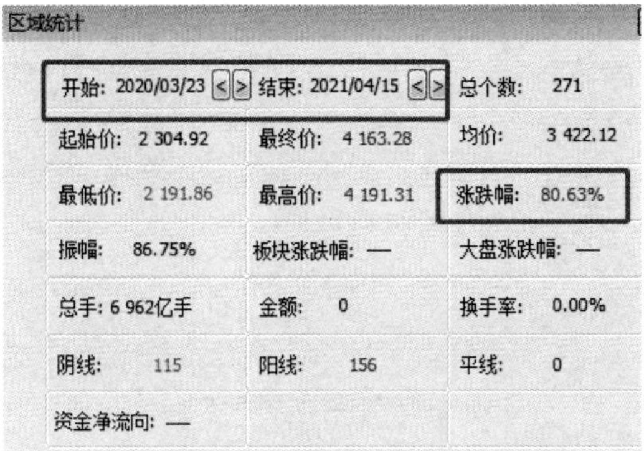

图 3-35　标准普尔 500 指数涨幅
（2020 年 3 月 23 日—2021 年 4 月 15 日）

我们再来看看它们在 A 股对应的主要 ETF 的表现。

（1）广发纳斯达克 100 ETF（基金代码：159941）

如图 3-36 所示，从 2020 年 3 月 23 日到 2021 年 4 月 15 日，广发纳斯达克 100 ETF 的涨幅为 58.34%，远远小于纳斯达克 100 指数 104.07% 的涨幅。这说明纳斯达克 100 指数对应的 ETF 比指数本身的波动性更小，在新冠疫情暴发时下跌比指数少，之后反弹也比指数少。

起始时间	2020-03-23 ▼		周期数	260个
终止时间	2021-04-15 ▼		自然日	389天
前收盘价	1.774		阳线	145个
			阴线	107个
开盘价	1.670		平线	8个
最高价	3.199		上涨	145个
			下跌	111个
最低价	1.660		平盘	4个
			涨停	0个
收盘价	2.809		跌停	1个
成交量	67 481 925			
成交额	167.1亿			
加权均价	2.476			
区间涨幅	1.035 (58.34%)			

图 3-36　广发纳斯达克 100 ETF 涨幅

（2020 年 3 月 23 日—2021 年 4 月 15 日）

我们再从更长周期看看广发纳斯达克 100 ETF 的涨幅情况，如图 3-37 所示。这只基金自成立以来，从 2015 年 7 月到 2021 年 4 月，在不到 6 年的时间里，累计涨幅 195.26%，年化收益率高达 20.7%。纳斯达克 100 指数对应的 ETF 还有国泰纳斯达克 100 ETF（基金代码：513100），这只基金从 2013 年 5 月到 2021 年 4 月，在快 8 年的时间里，累计涨幅 368%，年化收益率高达 21.5%。

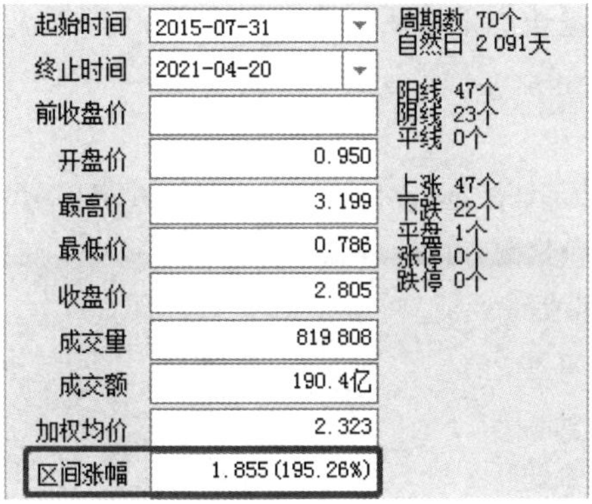

图 3-37 广发纳斯达克 100 ETF 涨幅（2015 年 7 月 31 日—2021 年 4 月 20 日）

（2）易方达标普 500 指数人民币 A（基金代码：161125）

从 2020 年 3 月 23 日到 2021 年 4 月 15 日，在一年多的时间里，易方达标普 500 指数人民币 A 的涨幅为 44.61%，如图 3-38 所示，远小于标准普尔 500 指数 80.63% 的涨幅。

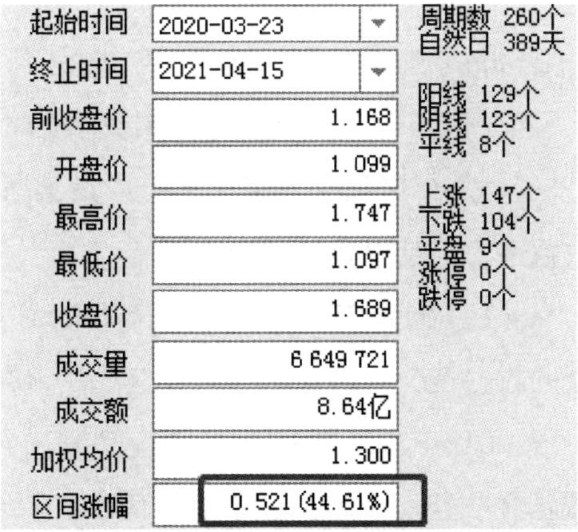

图 3-38 易方达标普 500 指数人民币 A 涨幅
（2020 年 3 月 23 日—2021 年 4 月 15 日）

我们再从更长周期看看易方达标普 500 指数人民币 A 的涨幅情况，如图 3-39 所示。

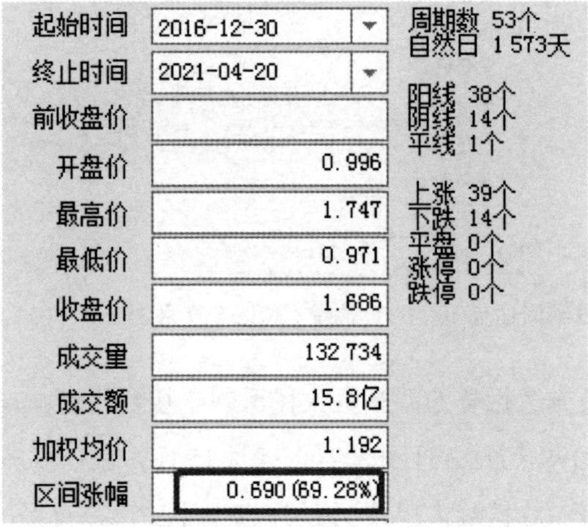

图 3-39　易方达标普 500 指数人民币 A 涨幅
（2016 年 12 月 30 日—2021 年 4 月 20 日）

易方达标普 500 指数人民币 A 从 2016 年 12 月 30 日到 2021 年 4 月 20 日，在 4 年 4 个月的时间里，累计涨幅 69.28%，年化收益率为 12.88%。这个年化收益率远小于广发纳斯达克 100ETF 的同期年化收益率，但是也超过了 10%。

以上内容从长短两个周期比较分析了美股的两大指数对应的 A 股指数基金的收益情况，供大家参考！这些基金在 A 股市场都可以被买到，从 2013—2021 年的收益情况来看，它们确实比 A 股的宽基指数基金收益率高，不过这也不代表它们未来的收益还会这样，请大家注意这一点！

精选留言

俊：

十点老师，你最开始也是通过炒短线快速积累财富吗？慢慢变富的风险确实比较小，可是对于我们工薪阶层来说，要年纪大了才有可能实现富裕，而且还是在没病没灾的情况下才能享受生活。但是那时我们一辈子最好的时光也过去了，吃不动了，玩不动了，也没有那么多活动了。

十点：

我的"第一桶金"是靠开饭店获得的，当大家资金比较少的时候，想靠钱生钱是不可能的事情，这件事成功的概率极低，一般人最好不要想！

大江：

老师，我定投了创业板指数、科创板 50 指数和沪深 300 指数，请问我投的指数是不是有点杂？

十点：

不论你怎么分散投入，从长期来看收益都相差不多，所以你花费的精力都是徒劳的。如果你有这些精力，还是用在能够产出更大价值的本职工作上吧。

第四章

实战技法

再手把手教你一次

我讲了这么多内容，还是担心有遗漏的知识，我再系统性地汇总一下指数基金定投的过程。

第一步，选择基金。 一般情况下，我们要选择未来上涨确定性比较高的指数基金，理由是什么呢？根据世界范围内近 100 年的投资历史来看，90% 以上的主动管理型基金很难跑赢指数基金，剩下 10% 的主动管理型基金确实可以跑赢指数基金，但是你不一定选得到它们。你选择的主动管理型基金在未来 10 年有 90% 的可能会跑输指数基金。所以大家不要碰运气，而要做确定性的投资决策，这样才能有确定性的未来。根据前 15 年的数据来看宽基指数基金，我们会发现，沪深 300 指数基金从 2005 年到 2020 年的年化收益率是 11.21%；中证 500 指数基金从 2008 年到 2020 年的年化收益率是 9.72%；创业板指数基金从 2010 年到 2020 年的年化收益率是 10.56%。从历史数据来看，这三个宽基指数基金的平均年化收益率差异不大，所以大家以后不用问我该投哪个基金，如果你无法做出选择，那就抓阄吧。还有一个办法是：对于这三个宽基指数基金，大家分别投三分之一的本金，当然，还可以加上一个科创板 50 指数基金。

第二步，**确定定投金额**。每月应该投多少金额呢？我建议大家不要纠结是设置每月投、每周投，还是设置每日投，从长期来看，这三种方式的结果没有实质性的不同。所以，我建议大家直接设置每月投，这可以跟大家发工资的周期对应起来。定投的额度一般设置为每月稳定收入的一半，例如，你的基本工资是5 000 元，额外收入是 3 000 ~ 5 000 元不等，那么你可以设置每月定投 4 000 ~ 5 000 元。你设置的金额最好是你能够按时定投的金额，如果每月都扣款失败，你也很容易放弃定投！如果你觉得吃力，那么每月可以设置小一些的定投金额。总之，每个人的情况不同，大家最好把金额设置到自己的承受范围内。如果碰到市场行情特别低迷的时候，我建议大家应该加倍定投，那个时候你也可以选择手动加投，动用自己的存款增加定投金额。

第三步，**设置定投方式**。所谓定投就是定时定额投资，大家最好选择自动定投，自己确定定投日期，一般将发工资的次日设置为定投日期。例如，如果每月 10 日发工资，那么你可以将定投扣款日期设置在每月 11 日，及时定投可以避免工资被你花掉。为什么不选择手动定投呢？一方面，手动定投很麻烦，人们很容易忘记；另一方面，手动定投容易受到自身情绪的控制。手动定投很容易受到市场下跌的恐慌情绪影响而停止，其实在每次市场大跌的时候，人们最应该定投，如果那时你不定投，反而等市场上涨的时候再定投，这种操作的收益会大大减少。

现在，网络非常发达，你不需要直接去基金公司购买基金，只需要在手机上下载一个 App，按流程操作就可以购买基金了。大家可以去应用市场搜索相关 App，当然我建议大家选择一些正规、大型的基金平台。毕竟很多朋友会担心，万一这个基金平台倒闭了，我该怎么办？投资的钱是不是就没有了？

其实你所担心的事情根本不存在。事实是：你只是通过不同的渠道购买基金而已。这就像购买格力公司的空调，不管你是通过苏宁电器实体店购买，还是通过京东网上商城购买，只要你购买的是格力的空调，当产品有问题时，你都可以去找厂家解决。哪怕京东网上商城和苏宁电器实体店关门了，格力也会承认你购买的是格力的产品。这与购买基金的逻辑一样，只要你购买的是正规的公募基金，那么不论你是通过什么渠道购买的，最终你的钱都在第三方存管银行里，任何人都拿不走。你的钱只能回流到你打款的银行卡，所以不要注销你打款的银行卡。

对于定投指数基金的实战技法，其实你们只要知道上述知识就足够了，暂时也不用学习太多的内容，那只会让自己晕头转向。掌握这些知识以后，你要做的事是确定定投金额，设置自动定投，然后好好工作，争取赚取更多的现金，增加每月的定投金额。如果你能够做到每月定投 5 000 元，那么根据历史数据，10 年以后，你大概率能拥有 100 万元的存款，然后每隔几年你的资产就会翻一倍。随着时间的推移，你会越来越富有，真正实现了越来越值钱，而不是越来越没用！

精选留言

桑榆霞满天：

我在 2015 年进入股市，经历了股市由牛市转为熊市的过程，而我也随着大盘一路追涨杀跌，最后近乎腰斩式地亏损。我月薪 3 000 多元，严重的亏损让我变得焦虑和烦躁，我经常失眠却又扔不下股票。后来我偶然间看到您的文章并关注了您。说实话，一开始我并不太相信您，感觉您所谓的"测大盘"是在博人眼球，后来自己亏损的金额实在太多了，就想着按您说的方法试一试吧，于是我开始选择定投指数基金。两三个月后，我发现自己的股票全在亏损，而基金却在上涨，这让我开心极了！现在我每月都坚持定投，刚买入时也会有亏损，但我按照老师的方法，不去盯盘，安心做事，现在已经获得 9% 的盈利了。我即将退休，我坚信，听取老师的建议一定能把亏损的钱赚回来。

超然股外：

选择基金定投，就永远不卖出基金，永远不止盈吗？如果不卖出基金，收益会不会如坐过山车一样起伏很大，我想大家都想了解这些情况，请十点君谈一谈。另外，我在喜马拉雅平台上听过基金定投的课程，有人建议永不停止定投，但也有人有建议当年化收益率为 10% 时要选择止盈，赎回全部基金，这可以使盈利最大化。请问哪一个建议更对呢？

十点：

你想要确定的东西太多了，这会成为你前行的负担，选择化繁为简，踏实地行动才最重要。从 2005 年到 2020 年，沪深 300 指数基金的年化收益率为 11.21%，这就是连续 15 年定投基金的结果。记住，所有的择时都会遇上"黑天鹅"事件而导致之前的努力白费！所以不要纠结，不要想太多，老老实实地做最简单的事情！

青青树：

我炒股已经 10 年了，最终的结果还是亏损，从此选择告别股市，加入十点老师的定投队伍。我 40 多岁了，每月定投 1 万元，到退休时应该能存下一笔金额不小的钱，想到这个结果真的挺开心！

十点：

我刚刚给你算了一下，如果你每月定投 1 万元，20 年后当你退休时会拥有 750 万元的资产。假如你到 60 岁时选择不再定投，每年也可以稳稳地获得 70 万 ~ 80 万元的投资收益，平均每月的收益有 6 万 ~ 7 万元。估计你也花不完这些钱，也会将收益继续投资，那么你一定会越来越有钱！

大静：

我的年龄应该与十点差不多，我在 2007 年开始购买基金和股票，会一次性买入基金，也会定投基金。经过十多年，基金的收益完胜股票的收益，所以我相信十点老师，而且我也坚信在投资路上与十点为伴，离财务自由会越来越近。在这十多年的时间里，我也走过弯路，但是我都挺过来了。

十点：

你的经历就是鲜活的案例，感谢你的分享！

阴阳买卖法

随着市场"白马股"的泡沫越吹越大，很多人慢慢开始觉得，那些当下业绩较好的公司的股票未来肯定不会跌得惨不忍睹。看着日渐涨高的市场，没有买入"白马股"的人们开始焦虑，他们一开始还淡定地观望着"白马股"的走势，后来慢慢失去了耐心，不顾一切地开始购买"白马股"，结局当然可想而知，而且这样的事情已经发生过不止一次了。

当市场行情好时，基金的销售往往十分火爆，几千亿、上万亿的资金等着入市，公募基金的那些基金经理当然不想落后于市场，他们肯定会尽快入市，买入"白马股"，但是请注意，他们期望的 50%、80% 的收益率可能会变成负数。每次在市场火爆的时候买入基金的人们总会成为接盘的人，资金被套在市场三四年，一旦回本，人们立马解套，再也不踏入市场。最可怕的是，这些人对资本市场失去了信心，永远失去了这个最好的资产增长渠道，也许还会"教育"下一代不要"炒股"。

我们已经办了几次粉丝见面会，选择的地点和时间如下：杭州，2019 年 5 月 11 日；苏州，2019 年 10 月 7 日；广州，2020 年 10 月 30 日。对应地点和时间的指数基金的搜索指数如图 4-1 所示，大家看看我和芒叔的用意。

图 4-1 指数基金搜索指数

说实话，最终能够解套的人还比较幸运。一方面，他们买入某个基金的时候它的价格还不是特别高；另一方面，他们还是耐心地持有了这只基金几年。但是，大家稍微换一个思路，完全可以反向操作，在市场无人问津的时候买入基金，在市场火热的时候逐步退出，赚钱的确定性会更高。在 2020 年下半年，虽然市场的大部分产品已经不便宜了，但仍然有很便宜的安全资产。也许你看不上那 10%、20% 的收益率，但是当"潮水"退去的时候，这些收益才是真正属于你的。

我再展示一下以前写过的一篇文章。

根据 2021 年 1 月 5 日统计出来的数据，90% 的十点粉丝在 2020 年依靠价值股和定投指数基金获得盈利，也就是说，在全市场 75% 的赚到钱的人里面，有 9 成的人是依靠这两年的思维改变才赚到钱的。对于这个结果，我还挺自豪的，希望你们继续坚持，未来稳稳地获得盈利，不再被"投机"的机会所诱惑！希望你们努力工作，赚到更多的现金去购买更多的"赚钱资产"，让钱为你工作，你就可以退休啦！

买指数基金的好处是不用怕意外暴跌，不用分析公司的基本情况，只要坚信世界越来越好，国家越来越好，你就可以坚定地买入指数基金。除非你是一个极端的悲观主义者，不相信地球会继续转动下去，那么你不适合投资指数基金。

我用易方达恒生中国企业交易型开放式指数证券投资基金（简称易方达恒生国企 ETF）举例来说明这个方法（这不代表让大家购买这只指数基金，只是方便举例），这只宽基指数基金的基本信息如图 4-2 所示。

基金简称：易方达恒生国企 (ETF)	基金全称：易方达恒生中国企业交易型开放式指数证券投资基金
基金代码：510900	成立日期：2012-08-09
募集份额：16.165 亿份	单位面值：1.00 元
基金类型：ETF	投资类型：股票型
投资风格：平衡型	基金规模：99.63亿元（截至 2020-12-31）
基金经理：余海燕,成曦	交易状态：开放申购
申购费率：0.50%~0.50%	赎回费率：0.50%

图 4-2　易方达恒生国企 ETF 的基本信息

易方达恒生国企 ETF 有接近 100 亿元的规模，属于合格境内机构投资者（Qualified Domestic Institutional Investor，QDII）。易方达恒生国企 ETF 所属的基金公司是国内大型公募基金公司——易方达基金，易方达恒生国企 ETF 设立于 2012 年 8 月 9 日。截至 2020 年 12 月 31 日，易方达恒生国企 ETF 的总收益率为23.65%，如图 4-3 所示，如果大家长期持有这只基金，收益并不高，因为年化收益率才 2.6%。

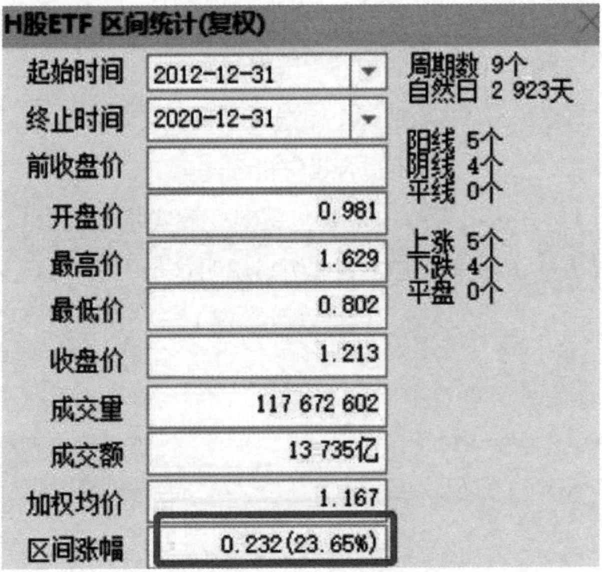

图 4-3　易方达恒生国企 ETF 涨幅

（2012 年 12 月 31 日—2020 年 12 月 31 日）

　　因为这只基金波动太大，所以根本不适合长期持有。当然，这个收益率还是比很多人炒股超过 10 年却依然亏本的情况好太多。不过如果大家用这只基金来做定投，业绩也是惨不忍睹，如图 4-4 所示。

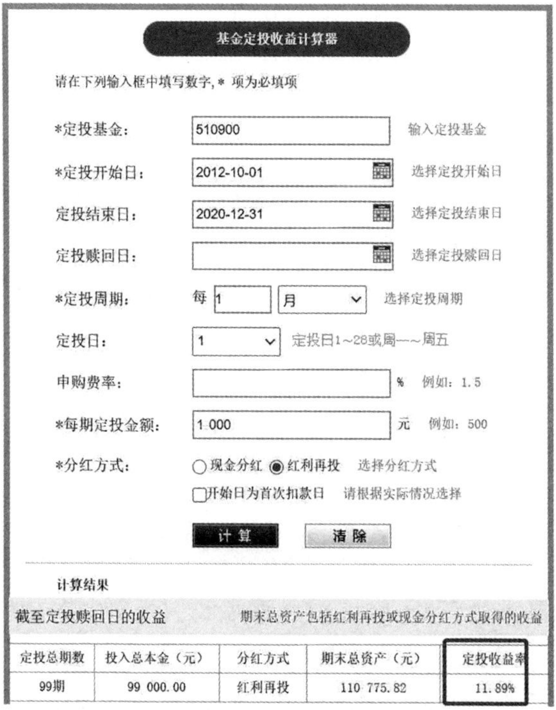

图 4-4 定投易方达恒生国企 ETF 的收益
（2012 年 10 月 1 日—2020 年 12 月 31 日）

我们在 8 年多的时间里才获得 11.89% 的总收益率，所以易方达恒生国企 ETF 不适合长期持有，也不适合用来做定投。但是我们可以使用阴阳买卖法来操作它，这样在它每次被低估的次年，我们便可以获得超额回报。它的年 K 线几乎都是一阴一阳交替出现的，如图 4-5 所示。

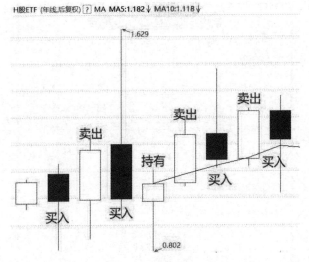

图 4-5　易方达恒生国企 ETF 的年 K 线

　　对于易方达恒生国企 ETF，假如我们同样在 2012 年 10 月 1 日投入 10 万元的本金，在年线收阴的年份买入该产品，在年线收阳的年份卖出该产品，然后再购买 5% 的其他理财产品，那么到 2020 年 12 月 31 日，我们可以获得多少收益呢？按照图 4-5 的买卖规则，获得的收益如表 4-1 所示。

表 4-1　使用阴阳买卖法操作易方达恒生国企的收益率

年份	收益率	总金额 / 元
2012 年	0.83%	100 833
2013 年	5%	105 875
2014 年	19.45%	126 468
2015 年	5%	132 791
2016 年	5.83%	140 533

（续表）

年份	收益率	总金额 / 元
2017 年	17.28%	164 817
2018 年	5%	173 058
2019 年	15.96%	200 678
2020 年	5%	210 712

根据获得的数据可知，我们在 8 年 2 个月的时间里获得了 110.7% 的总收益率，年化收益率接近 10%，这个业绩是不错的。当然你也可以选择在易方达恒生国企 ETF 被低估的年份买入，在它被高估的年份去购买其他指数基金或价值股，也许可以获得更高的收益率。大家不要小看 10% 左右的年化收益率，在低估年份，我们买入它所冒的风险是极低的，这种操作绝对属于低风险高收益。所以大家不用羡慕那些冒着很大的风险，获得了很高的收益，但是很快又把收益还给市场的人。从长期来看，99% 的散户依靠自己"炒股"，是不能获得 10% 左右的年化收益率的。

阴阳买卖法其实具有很强的科学性：因为长年走高的指数基金或价值股，一旦碰到年度收阴，也就是当年整体下跌，就说明它的价格很可能便宜了，在这个时候建仓的风险肯定远小于高位建仓的风险，再加上指数基金或价值股的基本面没有问题，从长期来看，这个指数基金或价值股还是会涨起来的。阴阳买卖法实际上已经涵盖了价值投资最核心的两个条件：好公司和好价格。第一，它简明扼要地为我们解决了这两个条件的成立问题，宽基指数基金所包含的公司是好公司是毫无疑问的，而且指数永远不会倒闭，从长期来看，指数上涨的概率几乎是 100%。第二，指数基金的好价格出现在一整年下跌的最后时刻，虽然从长期来看，那时的价格未必是历史最低价格，但是年线收阴一目了然地告诉我们，那时的价格一定是相对低位，这个结论的确定性几乎也是 100%。按照由这两个确定的价值投资核心条件构成的价值投资方法来操作，未来你获得收益的可能性也几乎是 100%。我相信哪怕你是一个"文盲"，也能够理解这个方法，它的道理真的不复杂，重要的是你们要坚定地相信它，然后将方法落实到行动上去！尤其在市场上涨得如火如荼的时候，要坚持做这样一件每年只能获得 10% 的收益的事情，实在太考验人性了！但是，你只要想想，你浪费了这么多年的时间和精力，最后还是"赔了夫人又折兵"，那这确定的 10% 的收益就显得格外珍贵了！在 2006—2007 年的大牛市，很多股票涨了几十倍，可是很多散户买来卖去也没有获得很多收益，反而在 2008 年一年的时间里，把仅有的盈利都赔了进去，甚至最后把本金也赔了进去。很多人肯定宁愿没来过股市，也不想回首自己在股市里亏掉的血汗钱！股市永远不缺少赚钱的机会，只要你把风险规避了，剩下的都是赚钱的机会！

精选留言

steven.wan:

我想起在 2020 年刚进入股市的时候，亏了好几千元。其实在现实中如果丢了这么多钱，我一定很心痛，但是在股市中钱好像就这么悄无声息地消失了。我想的事情都是赚钱，而不是保住本金。现在我的思想慢慢地改变了，我想的事情变成了降低收益率的预期，然后再决定买哪些处于相对低估状态的价值股。我现在需要做的事情就是读书，坚定信念，时间是我最大的资本。

十点：

你说的完全正确，要坚信价值投资的力量！

rakki–：

非常感谢十点兄，我在 2020 年 12 月的时候突然想通了，坚决清仓手中业绩较差的公司的股票，然后果断买入价值股及指数基金，目前的总收益率为 8%。今后我也将坚定地长期持有价值股，继续定投指数基金，少看盘，多看书，不断积累知识，慢慢变富。

十点：

有些人一直期待那些业绩较差的公司的股票可以"咸鱼翻身"，可是最后自己却亏得血本无归。早点终止自己的错误行为，走上正确的道路，亏损的钱不知不觉就回来了。你的经历再次验证了这句名言：发现不正确的事情，越早停止，损失越小！

rakki–：

是的，我在 2020 年 12 月的时候突然想通了，再加上不断地看书，我明白了一些道理。梦想着快速暴富一定会不断地亏损，只有买进优秀企业的股票，并长期持有它们，才能解决亏损问题，然后慢慢获得收益，真的非常感谢十点兄。

春申君：

十点老师，我有一些问题不太明白。我能理解之前你讲的定投知识和今天讲的阴阳买卖法。但我不明白应该买哪些基金，哪些基金适合定投，哪些基金适合阴阳买卖法。

十点：

只有易方达恒生国企 ETF 适合阴阳买卖法，我还没发现其他适合阴阳买卖法的基金，其余宽基指数基金均适合定投！

获得 15% 的年化收益率的投资方法

如何判断大势进而获得超额收益呢？请注意这里的获得超额收益是指预期而不是预测，我在这里再讲一下预期和预测的区别。

何为预期？预期即根据现阶段市场运行的结构特点和历史规律，提前发现转折点和空间位置的几种可能情况，找出概率较大的情况作为条件依据，提前做好布局和对策，减少错判。如果市场顺应预期，我们就参与；如果市场与预期背道而驰，我们就躲避，只参与看得懂的部分。由于我们的心理状态不同，行动目标不同，结果自然也就不同。

何为预测？预测即预先测定或推测，预测看似和预期的意思相同，实则不然。预测是已经基本认定会出现什么结果，所有的对策都是基于预测的结果制定的，赌注就下到了这里。所以预期和预测有着本质的区别，预期有很强的反脆弱性，预测则没有，一旦遇到错误就是灭顶之灾。

下面我"手把手"地教给大家获得 15% 的年化收益率的投资方法，请大家认真看完，相信你们每一个人都能学会。

这个方法的核心就是找出大盘位于相对低位的年份，注意这里是年份，不要盯着一个月，甚至一天。拉长周期来看，我们可以发现：2008 年、2010—2013 年、2015 年和 2018 年大盘下跌的途中都是买点。与之前的高点相比，你在以上任何一个节点买入指数基金都是赚钱的，而且你在这些买点买入指数基金肯定比你在之前的高点买入赚的钱多。你在高点和低点分别用不同的钱买入相同数量的指数基金，在未来的某一个时刻，两种情况的涨幅可能相差几倍甚至 10 倍。所以，在相对低位买入价值股或指数基金，获得的盈利情况都比较好。例如，你花 50 元买入某价值股或指数基金，10 年后本金涨到了 500 元，涨幅是 10 倍；但是，如果你在该产品下跌 50% 之后再买入，也就是花 25 元买入，10 年后本金同样涨到了 500 元，涨幅就是 20 倍。这个差距是非常大的。

而且后者占用资金的时间更短。所以，你一定要摒弃存款思维，即早存款早计算利息的想法。假如现在有一个价值股或指数基金的价格比较高，那么你可以先等一等，等到你的心里价位出现了（也许是两三年以后），再买入该产品。相反，如果你现在急急忙忙地买入价值股或指数基金，资金被深套的时间有可能更长，从长期来看，你买早了反而会少赚钱。当然，也有一些价值股持续上涨，不给我们低买的机会，那么我们要想好可能发生的极端情况，自己是否能够承受这个波动？等想清楚之后，我们再买入，如果真的发生了所谓的极端情况，我们也不至于熬不住低位，在"割肉"后出现永久性亏损。

判断大盘处于相对高位或低位是比较简单的事情。如图 4-6 所示，我们可以看看沪深 300 指数的整体市盈率数据，因为干扰因素比较少，所以它很有参考性。

图 4-6 圈出的这些位置都是相对低位，沪深 300 指数的市盈率在大多数情况下都明显低于历史平均市盈率，只要大家在这些时间区间内买入跟踪沪深 300 指数的基金，并持有 3 年以上，你的收益率大概率可以超过 30%（年化收益率很可能达到 10%以上）。

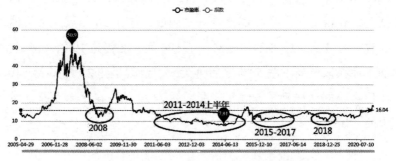

图 4-6　沪深 300 指数的整体市盈率数据

（2005 年 4 月 29 日—2020 年 7 月 10 日）

最重要的是，你不用殚精竭虑地预测收益，不用有涨多了怕下跌，涨少了又怕少赚的心理。你只要做到在大盘的相对低位买入，在大盘的相对高位卖出，然后等待下一次机会即可。下面我们一起来看一个案例。

如图 4-7 所示，假如你在相对低位的 2013 年 5 月 29 日买入某只沪深 300 增强型指数基金，持有它将近 3 年，到 2016 年 5 月 27 日，在沪深 300 指数上涨 15% 的情况下，你的盈利有多少呢？

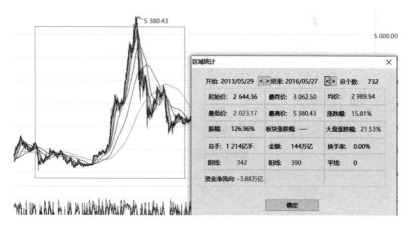

图 4-7　某只沪深 300 增强型指数基金的涨幅
（2013 年 5 月 29 日—2016 年 5 月 27 日）

如图 4-8 所示，3 年下来你的总收益率为 42.75%，年化收益率为 12.61%。这两个数字绝对不是依靠优选获得的，而是通过选择一个大盘位于相对低位的点位，一次性买入 1 万元，然后不做任何事情，就等着市场回归正常这种方式获得的。

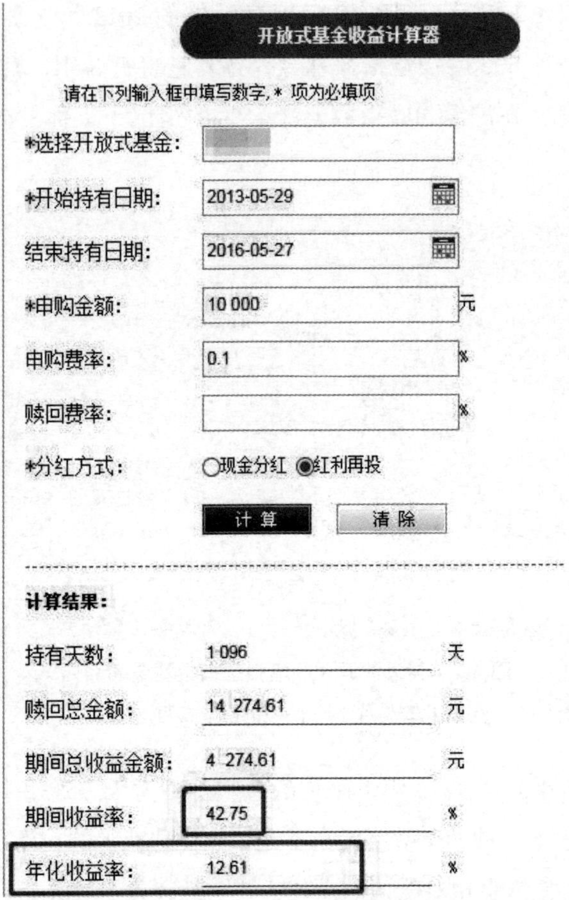

图4-8　买入某只沪深300增强型指数基金的收益
（2013年5月29日—2016年5月27日）

　　假如你在相对低位的2013年5月29日买入了某只沪深300增强型指数基金，坚持持有5年，到2018年5月29日，整体收益率如图4-9所示。

图 4-9　买入某只沪深 300 增强型指数基金的收益
（2013 年 5 月 29 日—2018 年 5 月 29 日）

由图 4-9 可知，5 年下来你的总收益率为 100.13%，年化收益率为 14.88%，接近 15%，也非常高了。同样，在这个过程中，你不需要花费任何精力。

当然，你也可以在相对低位买入某只沪深 300 增强型指数基金后，长期持有到 2021 年，如图 4-10 所示，在 7 年多的时间里，你的总收益率高达 214.66%，年化收益率为 16.07%。所以你真的不要去预测某个产品未来会涨多少，只要相信指数会永远涨下去，你就应该长期持有它，然后每年稳稳地获得 10% 以上的年化收益率，享受慢慢变富！

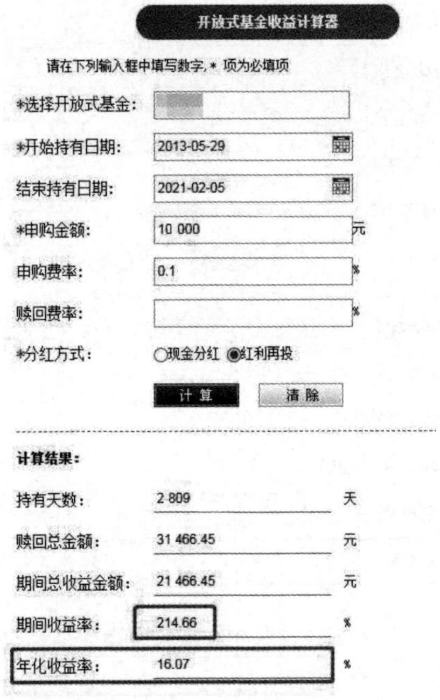

图 4-10 买入某只沪深 300 增强型指数基金的收益
（2013 年 5 月 29 日—2021 年 2 月 5 日）

我们再来看一下 2013 年这个点位是不是大盘的历史最低位。从市盈率的角度来看，这个点位并不是最低的，如图 4-11 所示，从 2013 年 5 月 29 日到 2015 年 9 月 10 日，市盈率低于这个点位的时间长达 1 年 8 个月，我们有足够的时间买到价格更低的沪深 300 增强型指数基金。

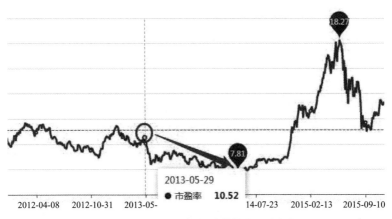

图 4-11　沪深 300 指数的整体市盈率数据

（2012 年 4 月 8 日—2015 年 9 月 10 日）

　　最重要的是，如图 4-12 所示，买入某只沪深 300 增强型指数基金后的一个月，大盘连续下跌了 20%。这虽然属于极端情况，但就是这样的情况会让我们在之后的三四年时间里赚取一笔非常可观的钱。

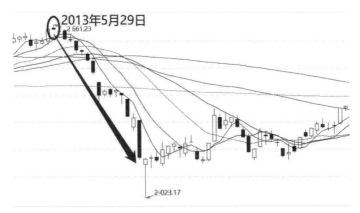

图 4-12　买入某只沪深 300 增强型指数基金后的一个月内大盘下跌 20%

以上事实证明，每个人都可以找到这个相对低位，而且不需要具有很高超的投资能力，更不需要去做连专业投资人士都做不到的买在最低位、卖在最高位！

我们再来看看另外几个相对低位。

如果你在 2015 年 9 月 16 日这个相对低位一次性买入某只沪深 300 增强型指数基金，并且持有到 2021 年 2 月 5 日，那么可以获得 15.77% 的年化收益率，如图 4-13 所示。

图 4-13　买入某只沪深 300 增强型指数基金的收益
（2015 年 9 月 16 日—2021 年 2 月 5 日）

而如果你在相对高位买入沪深 300 增强型指数基金——在 2015 年 5 月牛市的高位买入，并且持有到 2021 年 2 月 5 日，那么你获得的收益就比较少了，如图 4-14 所示。

图 4-14 买入某只沪深 300 增强型指数基金的收益
（2015 年 5 月 20 日—2021 年 2 月 5 日）

年化收益率为 9.01%，这个数字虽然也不低，但是与 15.77% 的年化收益率相比，仍然低了很多，而且你早投入资金几个月，资金被占用的时间更长。

如果你在 2018 年 12 月 20 日这个相对低位一次性买入某只
沪深 300 增强型指数基金，并且持有到 2021 年 2 月 5 日，如图
4-15 所示，年化收益率高达 32.91%，这个年化收益率超过其他
所有投资渠道的年化收益率，你还不需要花费任何精力。

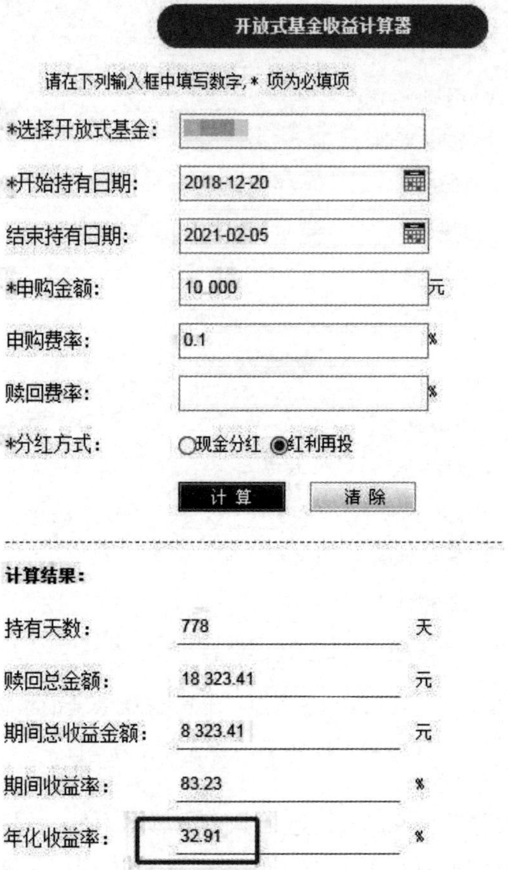

图 4-15　买入某只沪深 300 增强型指数基金的收益
（2018 年 12 月 20 日—2021 年 2 月 5 日）

所以大家只要学会怎么判断大盘的相对低位，就不需要苦苦寻觅大盘的最低位，获得 15% 的年化收益率就不是梦想，而这样的机会每隔几年就会出现一次。大家千万不要相信"把钱存在银行跑不赢通货膨胀"，很多人都盲目地相信这句话，然后去购买股票，最后连本金都亏没了，还搭进去大量的精力和快乐的生活。真正靠谱的建议是：当你不懂某个领域时，就不要进入，当你没有看到合适的投资机会时，就先把钱存进银行，一旦遇到大盘位于相对低位的机会，随时可以把钱一次性取出来买入指数基金，最终的收益自然就跑赢了通货膨胀，不要在别人都去买股票的时候跟风，要学会自己判断什么是机会，什么是陷阱。

我还想嘱咐最后一句话：让别人冲进股市吧，我们就享受银行利息，即使最后银行利息跑输通货膨胀，几年后我们仍然比冲进股市的人赚的钱多，这就是股市的"奇妙之处"！

精选留言

柠檬草的味道：

如果选择每月定投，我们不必择时；如果选择投入大笔资金，我们就选择在市场相对便宜的时候买入产品，我理解得对吗？

十点：

你理解得非常正确！

王本陆：

老师，我有一个疑惑，对于价格比较高的产品，我们为什么不暂停定投呢？如果等产品稍微便宜一点时再加倍定投，或者等有更便宜的机会时继续加倍定投,这种策略是不是更好呢?希望老师可以解答一下,谢谢。

十点:

定投最大的核心是存储更多的本金,属于强制储蓄。如果你经常预测市场,那么很可能定投的机会很少,你最后获得的收益也很少。但是无论你在什么时候开始定投,将时间拉长到 10 年,甚至 20 年,总收益都相差无几。

提前还房贷让你少赚 500 万元

很多粉丝问过我一个问题:"要不要提前还房贷?"我可以肯定地回答大家:"不要,绝对不要!"原因如下。

房贷是一个可以赚钱的负债,而且如果你不买房,就永远得不到这种机会。如果你已经拥有了这种机会,就要好好珍惜!我为什么这么说呢?大家可以看看从 1996 年到 2020 年的住房商业贷款利率情况,如图 4-16 所示。

由图 4-16 可知,住房商业贷款利率普遍低于 8%,而且从 2015 年到 2020 年的数据来看,住房商业贷款利率基本在 5% 左右。截至 2019 年 1 月,中国人民银行(简称央行)住房商业贷款的基准利率为:1 年以内为 4.35%,1 年至 5 年为 4.75%,5 年以上为 4.90%。随着市场利率的走低,房贷利率整体持续走低,

1996 年的房贷利率高达 15.12%，到 2016 年 2 月，房贷利率只有大概 4.1%。

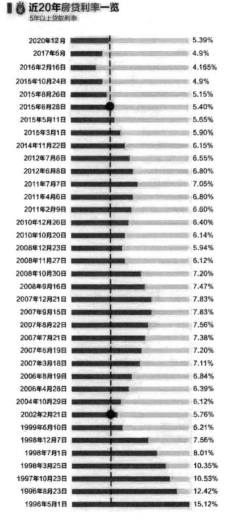

图 4-16　1996 年到 2020 年的住房商业贷款利率情况

我们再看看公积金的住房贷款利率，它也特别低，银行基本属于免费借给你钱。

（1）贷款期限在 5 年以下（包括 5 年），贷款利率为 2.75%。

（2）贷款期限在 5 年以上，贷款利率为 3.25%。

我建议有公积金贷款额度的人，一定要使用公积金贷款。

我们来算一笔账：假如你用公积金贷款 60 万元，如果这时你手里也有一笔 60 万元的现金，但你不用它来一次性还款，而用它来做指数基金投资。根据 2005—2020 年沪深 300 指数大约 11% 的年化收益率来计算，这笔 60 万元的资金每年能给你净赚多少？

计算过程如下：每年净赚金额 =60 万元 ×（11%–3.25%）= 4.65 万元，每月赚取 3 875 元。请问一个普通职员每月的工资才多少呢？最关键的是，这笔钱还是你在一年时间里多获得的收益。如果你贷款 30 年，总共能赚多少钱呢？我大概算了一下，这笔不用来一次性还款的 60 万元，在 30 年后大约会为你多赚 503 万元，如图 4-17 所示，这真的很震撼！

图 4-17　不提前还贷，投资指数基金 60 万元 30 年后的收益（1）

30 年后，用来做指数基金投资的这 60 万元所赚的钱足够让你的退休生活丰衣足食了。我再给你仔细算算：30 年后即使市场成熟了，年化收益率降低了，例如，按照 8% 的指数基金年化收益率来计算，即 503 万元 ×8%=40.24 万元，平均每月的收益大概是 3.4 万元。记住，这 3.4 万元是你多赚的钱，白白多赚的钱。我相信你们之中 99% 的人在 30 年后，每月的退休金不会超过 3 万元。而现在一个还贷方式的改变可以让你在 30 年后每月多出 3.4 万元的退休金，这就是学好理财的作用。

即使你们没有公积金贷款，选择住房商业贷款。这时你手里也有一笔 60 万元的现金，你用它来做指数基金投资，同样根据 2005—2020 年沪深 300 指数大约 11% 的年化收益率来计算，这笔 60 万元的资金每年能给你净赚多少呢？我们按照平均 5% 的住房商业贷款利率来计算（要还 30 年，以后利率肯定越来越低）。

计算过程如下：每年净赚金额 =60 万元 ×（11%－5%）= 3.6 万元，每月赚 3 000 元。如果你贷款 30 年，总共能赚多少钱呢？我大概算了一下，这笔不用来一次性还款的 60 万元，在 30 年后大约会为你多赚 284 万元，如图 4-18 所示。

同样的道理，30 年后，你的退休金每月会增加多少呢？即 284 万元 ×8%÷12≈1.89 万元。这个收益也不错！而且现在绝大多数人贷款的额度都在 100 万元以上，如果提前还款，你们的损失会更大。我再给大家计算一下这个数据，如图 4-19 所示。

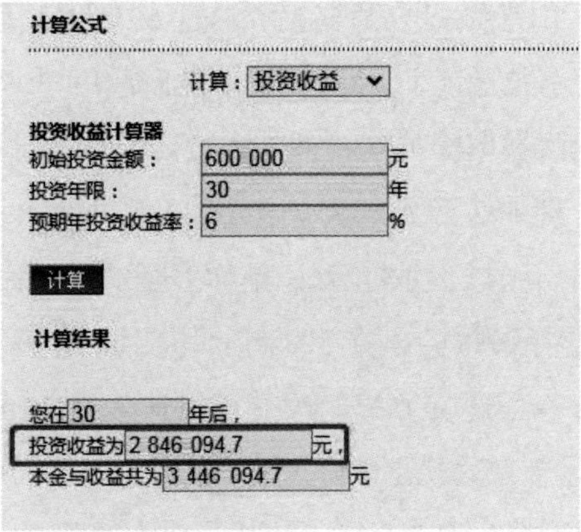

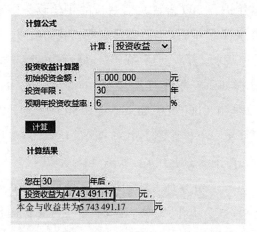

图 4-18　不提前还贷，投资指数基金 60 万元 30 年后的收益（2）

图 4-19　不提前还贷，投资指数基金 100 万元 30 年后的收益

　　同样的道理，30 年后，你的退休金每月会增加多少呢？即大约是 474 万元 × 8% ÷ 12=3.16 万元。你是不是可以不用工作了？当然，30 年后你肯定不用工作了，但是现在你仍然要好好工作，

否则你就没有钱还每月的房贷！

下面我们总结一下不提前还贷款的两个好处。

（1）我们把提前还贷款的这笔钱一次性投入指数基金，从长期来看可以获得非常可观的被动收入。

（2）我们将按月定投指数基金转换为一次性大量投入指数基金，可以获得更多的投资收益。而且如果你的资金超过100万元，还可以投资靠谱的私募基金，这有可能让你获得更多的投资收益。假如你想提前还款的金额超过100万元，我们就按100万元来计算，将这100万元投资靠谱的私募基金，把预期放低到15%的年化收益率（剔除5%的住房商业贷款利率，实际年化收益率为10%），30年后你可以获得多少收益呢？如图4-20所示，投资总收益超过1 600万元！对，你没看错，就是1 600多万元。那时你每年可以获得的收益为（为计算方便，取整百万）：1 600万元×15%=240万元，平均每月多出20万元的退休金！

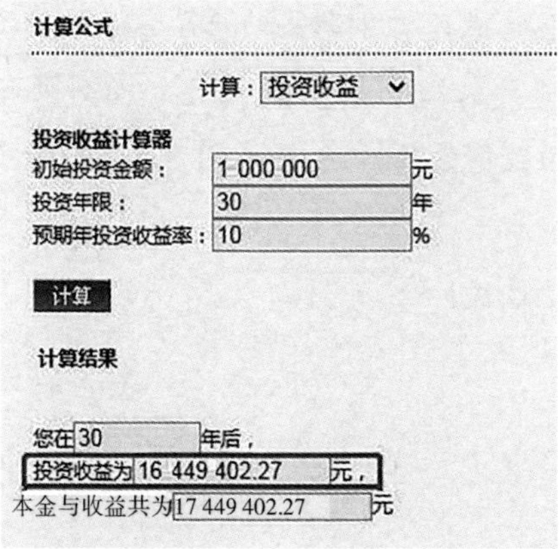

图 4-20　投资私募基金 100 万元 30 年后的收益

通过我的计算结果，你们是不是想尽快贷款买房？是的，如果你有能力贷款买房，贷的资金越多越好。我们将银行的钱合法地贷出来，让银行给你打工，而不是你给银行打工，你转变了这个观念，未来就会很富有！因为你是真正地双重（房产和指数基金）跑赢通货膨胀的人。其实让财富贬值的首要原因就是通货膨胀，这也是穷人和富人的根本区别，富人都愿意适当地负债！当然，如果你没有学习理财，即使不提前还款，你也不会投资，那你的利息支出自然就成了你的负担。但是现在的你不一样了，掌握指数基金这个"复利机器"，你就可以不提前还款，把有能力提前还款的钱，利用指数基金年化收益率和贷款利率的差额赚取更多的钱！

精选留言

冰蚕丝语：

老师，我想补充一点：对于新买的房子，如果自己不着急住，可以先不装修。假如装修要花费 20 万元，而如果我把这些钱拿来投资，就可以用获得的收益还房贷了！

十点：

是的，装修贬值最快！

第五章

投资心法

要克制住一件事情

经历过 2008 年、2015 年股市暴跌的股民应该都心有余悸，当风险来临的时候，股市是十分残酷的！如果可以回到 2008 年和 2015 年，我相信很多股民宁愿从未进入过股市，更不会对 2007 年、2014 年的涨停板动心。经历过暴跌之后，大家才明白：原来辛辛苦苦抓住的上涨机会是这么不堪一击，好不容易赚来的钱在几天之内都赔了进去。永远记住：股票上涨 100%，只要下跌 50% 就能赔掉所有的利润，所以下跌永远比上涨快得多！

我们很多人的操作是：在股票价格较低时买的数量很少，等股票价格上涨了再不断加码。例如，在某只股票价格较低时，你买了 1 万元，等这只股票价格上涨 50% 时，你赚了 5 000 元。然后你就开始幻想：如果我买了 10 万元，股票价格每天上涨 1% ~ 2%，我每天就可以获得 1 000 ~ 2 000 元的利润，那我就不用上班。于是你在这时又买了 9 万元，9 万元加上之前买的 1 万元，一共是 10 万元的资金。但是，只要这只股票价格下跌 5%，你就会把在牛市获得的全部利润亏损完。

最重要的是：一般情况下，面对牛市中的中级调整，大盘都会下跌 30% 以上，再加上我们很多散户喜欢购买那些前期涨得特别好的个股，而这些个股一旦遇到牛市中的中级调整，跌幅都会超过 40%。如果你在这些个股位于高位时加钱了，那么你有可能会快速亏掉所有的利润。每天辛辛苦苦地盯盘，熬夜寻找最好的时机买入股票获得的利润就这样亏进去了。甚至接下来的跌幅可能让你亏掉一半以上的本金，这些钱很可能是很多人半年或一年的工资，这个结果绝对令人崩溃。

上述情况就是典型的散户现状，我相信你们当中的很多人都经历过这样的过程。如果你还在这种"死循环"里挣扎，那么亏钱是必然的结果。所以我们一定要反向操作，在某只股票无人问津的时候，或持续下跌的时候多买一些，等这只股票的价格开始上涨时就不要再买了，甚至可以逐步卖出股票。如果你可以这样反向操作，你永远都不会亏钱了。当然，你得买入肯定能涨起来的股票，但是这对于绝大多数人来说是最难的事情。哪怕是价值股，当它一路下跌的时候，你也会担心它是不是永远都涨不起来了，或担心这家公司会不会倒闭。由于大多数人对所购买股票的公司的了解有限，内心的恐惧会让他们在股票价格较低时不敢买入，甚至"割肉"离场。所以价值股对普通人也未必有用，对于追涨杀跌的人来说，价值股和垃圾股没有差别。

而只有一种"股票"永远不会倒闭退市，跌下去了肯定会涨上来，那就是"指数"。从人类历史上最早出现证券到现在几百年的时间里，还没有出现一个指数倒闭，或跌下去没有涨起来的情况。所以指数跌下去再涨起来的可能性是 100%。如果你不相信指数会永生，不相信它会涨起来，那么你应该离开股市。只要你相信指数跌下去后一定会涨起来，你就可以"逆向操作"：在大盘下跌的时候不断买入指数基金，在大盘上涨的时候不买、少买或逐步卖出指数基金。这样你在股市里就不会再有亏钱的焦虑了，只有赚多或赚少的问题。

当市场热度已经很高的时候，如果你想购买某只基金，尤其是想添加资金购买它，我劝你克制住内心的冲动。当然，你还可以继续定投指数基金，因为定投是分批、少量且持续买入指数基金的，所以出问题的概率不大。哪怕大盘有所波动，也不会影响总收益。

我们来算一算定投指数基金的风险，如图 5-1 所示，如果你从 2018 年 1 月 1 日开始，每月定投某只指数基金，金额为 1 000 元，那么到 2021 年 1 月，你的盈利大概有 1.73 万元。假如市场出现下跌 30% 的极端情况，当然，一般情况下，指数基金的下跌幅度会小于市场的下跌幅度，我们按照下跌 20% 来计算，也就是你会跌掉约 1 万元的利润，还剩 7 300 元的利润。而市场下跌带来的好处就是：你可以持续在股票价格位于低位时定投买入更多的筹码，只要市场一回升，你就能获得更多的盈利。

假如随后市场又调整了 3 年，你又持续定投了 3 年，每月定投的金额还是 1 000 元，这时本金又增加了 3.6 万元，再加上第一个 3 年的本金和利润大概 4.4 万元，总资产约 8 万元。就算 3 年后市场又回到了原来的水平，也就是说大盘在下跌 30% 之后又涨回原来的水平，即大盘上涨了 43%，那么指数基金至少上涨 50%，8 万元上涨 50% 之后变成了 12 万元。

*定投开始日：	2018-01-01 🔲	选择定投开始日		
定投结束日：	2021-01-01 🔲	选择定投结束日		
定投赎回日：	🔲	选择定投赎回日		
*定投周期：	每 1 月 ∨	选择定投周期		
定投日：	1 ∨	定投日1~28或周一~周五		
申购费率：	%	例如：1.5		
*每期定投金额：	1 000 元	例如：500		
*分红方式：	○现金分红 ◉红利再投 选择分红方式			
	□开始日为首次扣款日 请根据实际情况选择			

计 算　　　清 除

计算结果

截至定投赎回日的收益　　　　期末总资产包括红利再投或现金分红方式取得的收益

定投总期数	投入总本金（元）	分红方式	期末总资产（元）	定投收益率
37期	37 000.00	红利再投	54 304.16	46.77%

图 5-1　每月用 1 000 元定投某只指数基金的收益
（2018 年 1 月 1 日—2021 年 1 月 1 日）

我们再大概算一算过去 6 年的年化收益率：本金是 7.3 万元，6 年后变成了 12 万元，总收益率为 64.38%，年化收益率为 8.92%，如图 5-2 所示，收益还是不错的。

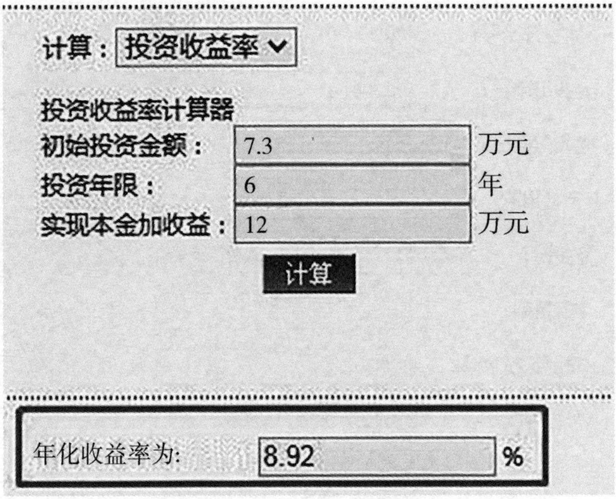

图 5-2　6 年的年化收益率

　　说实话，这个收益率真的不低了，因为在这个过程中，你没有花费任何精力，完全依靠定投。最关键的是，这笔钱是你分批拿出去的，并不是一次性投入的。所以，定投指数基金特别适合没有存款的工薪阶层。如果 6 年前，拥有 7.3 万元存款的人购买了银行理财产品，那么 6 年后，他们还没有你的收益多。如果 6 年前，拥有 7.3 万元存款的人去炒股了，估计他们现在最多剩下 3 万元。这就是选择的重要性，如果你的方向错了，那么再努力也没用！

精选留言

Lucky：

十点老师，我当初买了被低估的价值股，目前这些价值股还浮亏着，我是否需要清仓呢？如果选择清仓，那我就等它们再次下跌时清仓，然后全部买入指数基金。

十点：

我的意思是：大家如果还没有购买那些"白马股"，就不要再去购买了，但是如果目前已经购买了一些价值股，等它们涨一些再出售也可以。

某网友：

在购买一家公司的股票时，我们一定要先了解这家公司的生意模式，可以借鉴别人的选择，但是自己也一定要了解这家公司，否则在漫长的岁月中，你早晚会犯错误，更不用说进行价值投资了。

终极变富法

我之前收到过一条粉丝留言，原文如下。

感谢十点老师，我今年29岁，马上就30岁了。我正在为人生的第一个100万元而努力。现在我白天上班，晚上下班开始做兼职，希望赚更多的钱去定投指数基金。**原来我每天过的是没有目标的日子，每天在睁眼的第一秒，就觉得打工的日子不会有任何改变。但是现在我有了目标：就是定投，就是要赚钱，改变家**

人和自己的生活环境。我结婚很多年了，但是也不敢要小孩。小时候我觉得长大以后自然就能过上梦想中的好日子，而现实是，经济压力是压倒一切梦想的稻草。其实，我现在并没有看到希望，因为我刚开始定投，时间还没有超过两个月。但是我选择了相信，我就觉得定投这件事是有希望的，虽然我的父母和家人都不相信这件事，朋友更是嘲笑我，他们认为投资资本市场、投资股票不可能赚到钱。张磊先生在《价值》一书中说过要拥抱资本市场，您也说过要改变思想观念，拥抱正确的价值投资。现在，我在众多不相信的声音中坚持开始定投，因为我相信您，相信国家的未来，自己更想拼一把。我不懂如何投资，我就通过打工赚钱来定投指数基金。没有人愿意慢慢变富，我也一样，但是在我的学识和认知里，我没有更好、更快的让我赚到 100 万元的方法了。所以，我愿意相信不断赚钱，不断定投，不断好好学习，一定能在 10 年内实现赚到第一个 100 万元的目标。

我的回复如下。

你做了正确的事情，正确的事情是坚持自己的想法，内心笃定，不在乎别人是否相信。未来，当别人与你的差距在不知不觉中越来越大的时候，重要的就不是相信不相信的问题，而是他们一定会羡慕你。当然，这些事情都不重要，重要的是你和家人的生活越来越美好！除了暂时兼职赚钱，持续学习，提高自己的能力才是增加后续收入的重要手段，别忘记持续学习！

当我看到这条留言时，脑海里浮现出很多相似的人群。因为我自己就是这样过来的，所以特别能够理解处于这个阶段的人群的内心想法，而我也十分愿意和大家分享正确的奋斗道路，让大家改变自己和家人的命运！

古人云：临渊羡鱼，不如退而结网！我们绝大多数人会羡慕别人的美好生活，但是从未想过自己应该怎样改变现状，甚至没有采取任何行动。我认为你有变好、变富的想法其实很正确，起码你有这个想法。如果你抱有破罐子破摔的想法，认定自己这辈子没有变富的希望了，那么你才真是无可救药了。如果你是这样的人，也不属于我今天要讨论的人群范围。我相信绝大多数人都有进步的需求，都希望自己的将来比现在好，而大家要实现这个期望，就必须做出改变。

我曾经看过一段话说得很好："你说你早晨不能起来跑步，没关系，大部分人都起不来；你说你无法抵制美食的诱惑，大部分人也不行；你说你年龄这么大了不需要再努力了，可以，大部分同龄人也这样认为；你不愿意学习，不愿意改变，你觉得自己已经上了十几年的学，实在太辛苦了，现在好不容易毕业了，不愿意再学习，这也可以理解；但是你**既然做出了和大部分人一样的选择，就不要期待有和大部分人不一样的结局。**"

作为普通人的我们，能够坚持一件事 10 年、20 年是十分困难的，如果你坚持下去了，就会过上和普通人不一样的生活，因为大多数人都做不到这件事。**这是最简单的致富之路：定投指数基金。**

我再总结一下，选择定投指数基金的原因如下。

第一，从长远来看，定投指数基金肯定可以获得正收益，你只有赚多或赚少的问题。

第二，定投指数基金可以强制你储蓄，让你每月都有奋斗的目标。

第三，定投指数基金不需要你具有很强的能力，更不需要你有一定的社会关系和资源。

第四，定投指数基金不需要你现在很有钱，只要你每月能够有稳定的收入，变富只是时间长短的问题。

第五，定投指数基金不需要你付出很多时间，甚至几乎不需要你在这件事上花费精力，你要做的就是每月努力工作，按时定投。

有些人想通过找到一份好工作来实现变富的目标，问题是我们当中有很多人的学历并不高，没有一技之长，不容易找到好工作。**有些人想要通过做体力劳动、拿高报酬来实现变富的目标**，问题是我们当中有些人体弱多病，特别是女孩子，无法通过很繁重的体力劳动获取报酬。**有些人想要通过做生意来实现变富的目标**，但是绝大多数人不适合创业，天生没有经营头脑，没有深度解决事情的能力，所以这条路更不适合绝大多数人。那么难道不能找到一份好工作、不能做繁重的体力劳动、不适合创业的人注定一辈子都无法变富，永无出头之日吗？答案是否定的！定投指数基金会给你出路，会给你目标，会给你未来美好生活的希望！

留言的小伙子其实属于社会的普通"精英阶层"，虽然他在留言中没有提及自己的学历，但是他能够看懂张磊先生的《价值》，起码是受过高等教育的人。在给我留言的人中有许多这样的年轻人，他们接受过高等教育，但家庭普通。**这样的人群首先**

得找到一份有成长空间的工作，这份工作最好和自己大学所学的专业相关，然后努力学习本行业的专业技能，争取超过这个行业大多数的人。其实这件事并不难，大家在大学好好学习 4 年，毕业后专注工作和学习 2 ~ 3 年，一般可以拿到比行业的平均薪资高 2 ~ 3 倍的薪水。最怕的是，你每隔几个月就换一份工作，沉不下心来，5 ~ 10 年后你还在到处打零工，无法与同行业的人竞争。如果你的专业所对应工作的成长空间不大，那么你可以选择一个对专业技能要求不那么高的行业，如销售、服务等行业，然后专心致志地工作，不断学习，也只需要 2 ~ 3 年便可以超越同行业的大多数人。

　　把持续学习放在首要位置，才能奠定你未来赚钱的基础。你可以复盘一下自己一天的时间都花在哪里了。一般来说，除了必要的工作时间，在业余 80% 的时间里，你都应该学习与自己专业和工作相关的知识，或提高综合能力的知识，如提高自控力、提高情商等。学习的途径有很多，你可以买书，也可以听音频或看视频。最重要的是，你要每天持续不断地学习，长年累月地积累知识。**对于看书，你可以先阅读自己容易理解的书，每天计划好看多少页，一开始可以少计划一些**。例如，对于一本 300 页的书，**你可以规定自己在 30 天内必须看完，也就是每天看 10 页**，其实这很容易做到，**你每天只需要花费 5 ~ 10 分钟，最多半小时。如果你今天没看完，第二天必须补上落下的内容。**除此之外，你也可以自己做一个一天的时间规划，将要做的事项写在纸上，如几点起床、几点做什么，每完成一项就在纸上打一个对勾，从而帮助自己养成良好的习惯，提高自控力。对于听音频，

移动互联网时代的资源非常丰富，音频类 App 有喜马拉雅、微信读书等。即使你不舍得支付会员费，也可以免费听很多有用的知识。例如，**十点的音频内容就是免费的，你不需要支付会员费，喜马拉雅的"十点测大盘|一招解决股市亏钱问题"栏目已经更新了 100 多集，还在持续更新中**。我们可以利用所有的碎片化时间听音频，如坐地铁、走路、跑步及早上刷牙的时候。不要小看这些碎片化时间，你把它们全部利用起来，自然而然就能超越许多同龄人。例如，每天早晚刷牙洗脸的时间大概各有 10 分钟，一共 20 分钟，按一年 300 天来计算，一年就有 6 000 分钟，你大概可以听 10 本书。**如果你现在已经大学毕业 10 年了，那你至少有 100 本书的输入量，这完全可以改变一个人的思维方式**。我每天洗碗、走路上班的时间都是用来听书的，洗碗的时间大概有 30 分钟，走路的时间大概有 40 分钟，所以我每天至少有 1 小时以上的时间用来听书。正因为我的输入量巨大，所以才能做到在每天一篇文章的输出之外，依然有写不完的内容。

　　布局完学习这件事情，你未来的潜力会无限大。我不需要教你怎么赚钱了，你自己会想出 100 种方法。**退一步讲，即使你不改变现在的工作，有了这样的学习能力后，你应该也可以把本职工作干得很出色，加薪不是问题**。你在单位会越来越受到领导的器重，你也会干得越来越开心，生活状态会变得完全不一样。而且当你学习的知识越多时，你会越不在乎别人的看法，只坚持走自己认定的正确道路，也不会去和别人争抢单位里面的那点小利益，你会变得大度和宽容，所以同事关系也会变得越来越好，最后什么好事都会轮到你。我当年在单位上班的时候基本就是这个状态，我从未争抢过什么，但是单位的什么好事都能轮到我，因为我的心思全在怎么干好本职工作这件事上，而别人都在想怎么争取利益，二者的结局自然不一样。最关键的是，当你把心思全部放在怎么干好本职工作上时，你的能力自然而然就得到锻炼和提升了，这也能为你将来的创业打下基础。

像留言的小伙子一样普通的"精英阶层"在打好学习这个大基础后，厚积薄发，用以下方法就可以稳稳当当地实现未来的财务自由。

首先，设定每月的定投目标，如 1 000 元、2 000 元，定投金额最好可以达到 5 000 元。**设定好目标后，一定不能随意改变，宁愿一开始将目标设置得低一些，也不要在设定好目标后再降低定投金额，因为降低一次就会降低第二次。**相反，如果设定的目标一直在上升，那种"正反馈"的快乐会促使你更加努力工作，继续提高定投目标。那么合理的定投目标是多少呢？我们可以倒推，例如，你现在的工资水平是 5 000 元，那么如果你在 10 年后不用工作就能获得稳定的投资收益 5 000 元，这就等于你实现了一定意义上的财务自由。如果要获得每月 5 000 元的投资收益，你得获得每年 6 万元的投资收益，按照 8% 的年化收益率来计算，你需要 75 万元的本金。

如图 5-3 所示，你需要每月定投 3 200 元才能实现这个目标。当然，对于一个月薪 5 000 元的人，每月要存下 3 200 元，确实有一定的难度。不过如果你节约得当，还是可以实现这个目标的。**除此之外，最好的办法是找一份兼职来弥补收入的不足。**如果你的生活实在困难，可以一开始只定投 2 000 元，等再过几年薪水涨了，再定投 4 000 元或更多的资金，这样你也能在 10 年内完成 75 万元的原始积累。另外，如果把年终奖之类的钱也都拿来定投，那么大多数人其实不需要 10 年就可以实现这个原始资产的积累。只要你完成我们的学习计划，在 80% 的业余时间里，都保持学习，**一般人在 2 ~ 3 年就可以实现收入翻倍，这也是普通“精英阶层”人群最大的潜力**。

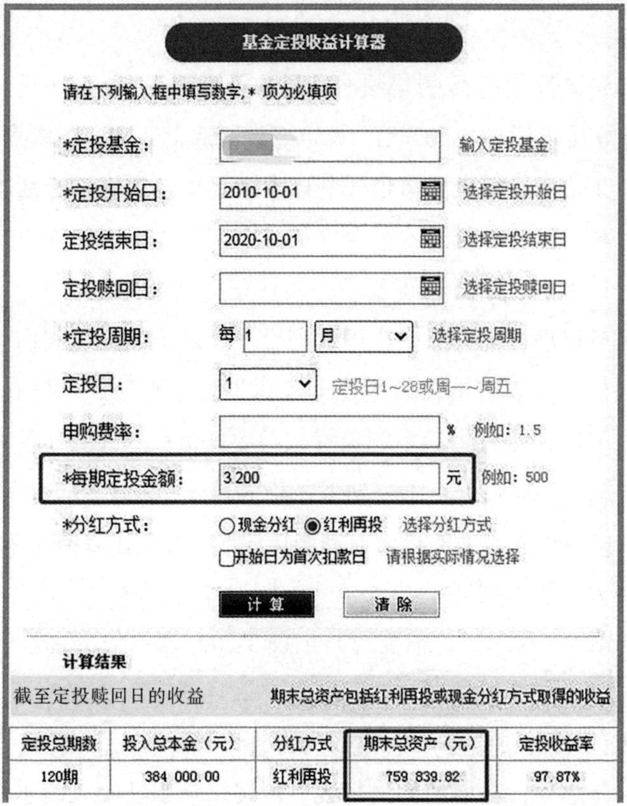
基金定投收益计算器

请在下列输入框中填写数字，* 项为必填项

*定投基金： 输入定投基金

*定投开始日： 2010-10-01 选择定投开始日

定投结束日： 2020-10-01 选择定投结束日

定投赎回日： 选择定投赎回日

*定投周期： 每 1 月 选择定投周期

定投日： 1 定投日1~28或周一~周五

申购费率： % 例如：1.5

*每期定投金额： 3 200 元 例如：500

*分红方式： ○现金分红 ◉红利再投 选择分红方式

□开始日为首次扣款日 请根据实际情况选择

计 算　清 除

计算结果

截至定投赎回日的收益　期末总资产包括红利再投或现金分红方式取得的收益

定投总期数	投入总本金（元）	分红方式	期末总资产（元）	定投收益率
120期	384 000.00	红利再投	759 839.82	97.87%

图 5-3　每月定投 3 200 元，10 年后预计可获得 75 万元

最后要告诉大家的是：一定要节约开支。这主要依靠记账来减少不必要的开支，延迟满足自己的物质欲望，不浪费可以用来定投的每一分钱。等你将来有钱了，再大大方方地花钱。特别要注意的一点是：你要注销信用卡，关闭花呗，拒绝一切透支消费的事。在开支这件事上，你要让自己"无路可走"，才能真正逼着自己省钱，而且你越省钱，就越容易节约开支，因为花钱会上瘾，只要你还有办法获得钱，就会去透支消费。本节内容希望对各位处于原始资产积累阶段的朋友有所启发！

精选留言

满天星：

看到老师苦口婆心地劝说大家多读书和选择定投指数基金，我十分感动！十点老师，自从您倡导读书分享会之后，我和朋友建了一个 12 个人的微信群，大家因为讨论股票而走到了一起，现在正在读第 2 本书，平均 15 天看完 1 本书。读完书后，每个人都会写读后感，在不到 1 个月的时间里，大家的变化很大：（1）大家买了价值股之后不再盯盘了；（2）有的朋友因为读书改善了与家人的关系；（3）有的朋友因为读书改善了与单位领导的关系，说自己的工作能力得到了领导的认可；（4）最重要的是，大家通过读书有了生活目标，生活更有奔头儿了。作为读书分享会的带头人，我还发动了 3 个同事一起加入，我的家人也在和我读同一本书。让我们一起读书吧！

罗老师：

我今年 26 岁，大学毕业 3 年了，之前因为听说股票风险太大，一直买一些基金，2020 年开始才买股票。我把十点老师所有分析价值股的文章全部整理成了文档文件并打印出来反复阅读（后期我会把所有的文章都整理成文档文件），然后从 30 多只价值股中选了几只自己能理解的价值股！我争取这两年能够存下 100 万元去投资芒叔的私募基金，然后继续努力工作，好好生活，我相信以后一定可以不用为了钱而发愁！我是一个课外辅导班的负责人，我的目标不仅仅是挣钱，更想要帮助学生和老师们实现他们的梦想！

随 @ 缘：

我十分认同十点老师的观点！人生就是要不断提升自我，不断进步！进入资本市场获取长期收益只有三条路：第一条路是进行价值投资，通过选定行业趋势上升、业绩稳定增长的价值股，在具有安全边际时买入并长期持有；第二条路是在目前国民经济发展向好时买入代表国民经济大趋势的指数基金；第三条路是把钱交给价值投资资产管理人（这类人比较少）。总之，最重要的事情是提升自我认知，途径就是"读万卷书，行万里路"！

做到这三点，让你平安无事

当市场连续大涨的时候，很多散户也开始蠢蠢欲动。在某些微信群里，有人开始炫耀"战绩"，如今天赚了一个涨停板、今年已经实现收益翻倍等。而有些人看到自己的业绩只有区区10%、20%，都不好意思和别人说自己在炒股，心里十分不平衡。这时候他们很可能守不住收益"慢如蜗牛"的指数基金，决定卖出指数基金，去追涨那些"竖起来"的个股，殊不知，他们此时一旦进入股市就特别容易"踩雷"，没过几天，就能把今年依靠指数基金赚的这一点钱全部亏掉！于是他们更不甘心了，腾挪出其他急用的钱，想去翻本，结果越亏越多，越亏心里越急，在不知不觉中行情结束了，而他们的股票却越套越深。

以上这些情况浓缩了牛市中的散户缩影，如果你遇到某一种情况或几种情况，应该马上停止你的行为。你只有停止这些行为才能减少损失，不要抱有侥幸心理。如果你还未遇到这些事情，那么恭喜你，你还安全地站在"岸上"，请不要轻易"下水"！我希望我的粉丝不要再去走这样的弯路了，从今天开始，希望大家做好以下三点。

（1）退出所有能退出的炒股微信群，否则你的情绪一定会被误导。

（2）删除跟股票有关的个人微信号，特别是与配资相关的微信号。那些人都是拉你进入深渊的诱惑。虽然我的这些话可能会得罪某一部分人，但是为了大家的"生命安全"，我宁愿得罪这一小波人。如果我的粉丝中有人在做与配资相关的工作，我建议你转行，因为赚这些钱真的害人不浅，最重要的是，这件事本身风险很大，也不合法！最后，希望大家也不要做融资融券，因为虽然它的杠杆小，但杠杆毕竟是杠杆，当你遇到极端行情的时候会完全没有还击之力！

（3）删除所有财经 App。建议大家平时少看财经新闻，有些媒体只为博眼球，煽风点火，误导大众！看财经新闻除了会影响你的情绪，让你做出错误的决定，没有其他用处。

如果你可以做到以上三点，你在投资方面就会避开很多坑！

那我们究竟要做什么呢？答案如下。

不管市场上涨或下跌，我们都坚持定投指数基金，如果遇到市场连续大跌的情况，可以加倍定投。另外，我们可以找一些关于价值投资的书仔细研读，如《反脆弱》《聪明的投资者》《黑天鹅》《怎样选择成长股》《巴菲特致股东的信》等。把这些书多读上几遍，一定比你看那些影响你情绪的财经新闻更有价值。看完这些书之后，你会发现你的心情越来越平静了，投资生活也越来越快乐了！

精选留言

甜蜜家园：

我已经持有各种权益类基金并获得盈利，也满仓持有指数基金，我需要做减法吗？

十点：

继续拿稳这些产品，享受利润！

不做浪费一分钱的风险性投资

在 2018—2020 年期间，对于买入的股票，如果大家没有打算持有 3 年以上，那么 2020 年以后亏钱的概率高达 90%，赚钱的概率只有 10%。这个概率对价值投资者来说是无法接受的。大家买入股票并持有 3 年以上，是希望赚钱的概率可以达到 90% 以上，而现在的结果反过来了，所以大家不会再去买入股票了。也许有人会说，我可以在最高点解套，坦白讲，人类基本都没有这个能力，即使你侥幸做到了，迟早也会被市场"咬"到，只要被"咬"到一次，你就会亏得血本无归。何况在股市中你经常会被"咬"到，所以从长期来看，亏损是必然的。如果定投指数基金，因为我们可以分散、分批地投入资金，即使某段时间买入的价格比较高，但是过一段时间当市场调整时，我们买入的价格就低了，所以从长期来看，总体成本不会太高。但是如果等市场的平均市盈率涨到七八十倍以上，我们也要停止定投。因为如果继续定投指数基金，未来当市场下跌时，我们早期因低成本买入而攒下的利润就会被亏损掉，从而导致总体利润下降。

总之，我们要时时刻刻把风险放在第一位，做确定性高的事情，才能让资产节节攀高，而不是经常冒着风险做事，心惊肉跳的感觉并不好。在进行价值投资时，如果我们把风险规避掉了，剩下的机会都能赚钱。所以一旦抓到好的机会，我们就要毫不犹豫地行动。例如，在 2020 年春节假期后开盘时，股价出现"黄金坑"，那时我曾大声呼喊，让大家首选创业板指数基金。大家可以回头看看，从 2020 年 2 月 3 日到 2 月 21 日，在短短 15 个交易日期间，创业板指数涨了约 300 点，涨幅是 15.51%，如图 5-4 所示。也就是说，如果你当时买入跟踪创业板指数的普通基金，半个月的收益率能达到 15%；如果你买入增强型的创业板指数基金，半个月的收益率可能超过 20%。

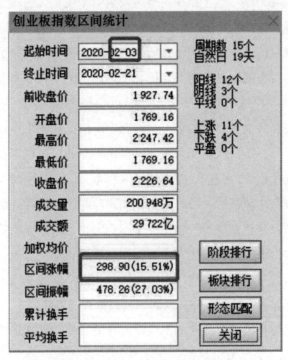

图 5-4　创业板指数 15 个交易日上涨 15.51%

（2020 年 2 月 3 日—2020 年 2 月 21 日）

我保守估计一下，如果你们在我呼喊买入的当天买入创业板指数基金，能够稳稳地获得 10% 的收益。所以大家一定要看准机会，毫不犹豫地去做确定性高的投资。当然，我没有预测创业板指数未来会涨多少，但是我知道未来10%的潜在收益率已经出现了，这几乎是确定的事情。我不知道创业板指数会在半个月还是半年之后把"黄金坑"下跌的幅度涨回来，我也不关心这件事，因为关心也无济于事，你们不要白白浪费这种精力。只要我不加杠杆，即使市场是非理性的，再下跌10%，我当时也会继续买入创业板指数基金，而且不会担心它涨不回来，更不担心会亏钱。所以我们尽管把利润交给时间，然后把精力放在寻找下一个"黄金坑"上。

在2020年春节假期后的第一个交易日，我曾在公众号上建议大家购买创业板指数基金，当创业板指数在2 000点以下时，大家可以翻倍定投创业板指数基金，当创业板指数超过2 000点时，大家可以正常定投创业板指数基金。到2020年2月24日，创业板指数已经快接近2 600点了，这时我们不能再加码了，相反要减码，因为后面的钱已经不是我们能够赚的了，如果你硬要去赚这部分钱，那么迟早有一天你会亏损，然后前功尽弃。这就是价值投资的核心：时时刻刻把风险放在第一位。我们只要记住一点：永远要赚低估和合理估值之间的钱，放弃合理估值之上的利润。记住这一点可以让我们永远踩在高高的"河岸"上，永远不会"湿鞋"，最关键的是，可以让我们的日子过得很舒心、很快乐！定投指数基金的好处是：如果创业板指数继续上涨，我们可以继续赚钱，如果创业板指数下跌，定投可以帮我们摊薄成本。所以定投指数基金是进可攻、退可守的稳妥策略。希望我的读者能够成为真正的价值投资者，不要做浪费一分钱的风险性投资！我不会刻意预测指数会不会马上下跌，一方面，我无法做到精准预测；另一方面，即使我偶尔做到了精准预测，也没有实际意义。

精选留言

昌哥：

十点老师说得对！时时刻刻把风险防范放在第一位，做确定性高的事，才能让我们的资产节节攀高。真正的价值投资者，即使垃圾股上涨 100 倍也不会心动，因为只要保证自己不亏损就已经战胜了市场上 70% 的散户了。

如何做到退休后月入 5 万元

我在前文曾做过计算，如果你每月定投指数基金 5 000 元，10 年后大概可以存下 100 万元。然后你用这 100 万元投资靠谱的私募基金（起码是做价值投资的私募基金），每年的年化收益率大概可以达到 15% ~ 20%，再过 20 年，你大概就有 1 600 万 ~ 3 800 万元。那么当你退休时，每年可以消费的资金最少是：1 600 万 ×15%=240 万元，平均每月大约可以消费 20 万元，平均每天大约可以消费 7 000 元。这笔钱够你花了吗？

再退一步讲，如果 10 年后你不投资私募基金，继续投资指数基金，也可以获得 8% 左右的年化收益率，那么 20 年后，你大概也有 466 万元。那时候你也退休了，每年可以消费的资金最少是：466 万 × 8%=37.28 万元，平均每月大约可以消费 3.1 万元，即使扣除通货膨胀的影响，这应该也是一笔不错的收入。

再退一步分析，如果那时通货膨胀真的很厉害，那么你的工资肯定会提高很多，每月定投的金额也会增加，未来的收益自然也会提升。所以大家不要老拿通货膨胀当挡箭牌，为自己不去定投指数基金找借口。我们回顾过去，在 1990 年（30 多年前），如果让一个普通人每月拿出 1 000 元来定投指数基金，几乎是不太可能的事情。而现在呢？很多人每月可以拿出 2 000 元来定投指数基金。同理，你现在感觉每月定投 5 000 元有点吃力，其实再过 10 年，也许你每月拿出 1 万元来定投指数基金也不困难。何况，当你把投入股市的精力放到本职工作上，你的赚钱能力一定会越来越强。就我本人而言，如果在 20 年前让我每月拿出 1 000 元来定投指数基金，我肯定感到很吃力，因为那时我的每月工资好像也只有 1 500 元。但是现在我每月拿出 10 万元来定投指数基金也是一件很轻松的事情，这就是"通货膨胀 + 个人赚钱能力的提升"双重效应的叠加！所以不要静态地看待任何事情，更不要为了显得自己很厉害，为自己找理由来否定某件事情！如果你错过了某些时机和突破认知的机会，也许会有一辈子的遗憾。所以，我们每一个人在面对别人提出的建议时，第一反应不应该是如何驳斥这个建议不好，而应该是思考自己怎样才能获得有用的信息。

假如你每月拿 6 000 元来定投指数基金，坚持 10 年，按照 2010 年 10 月—2020 年 10 月沪深 300 指数的回报率来计算，收益如图 5-5 所示，10 年后的总资产大约是 146 万元。

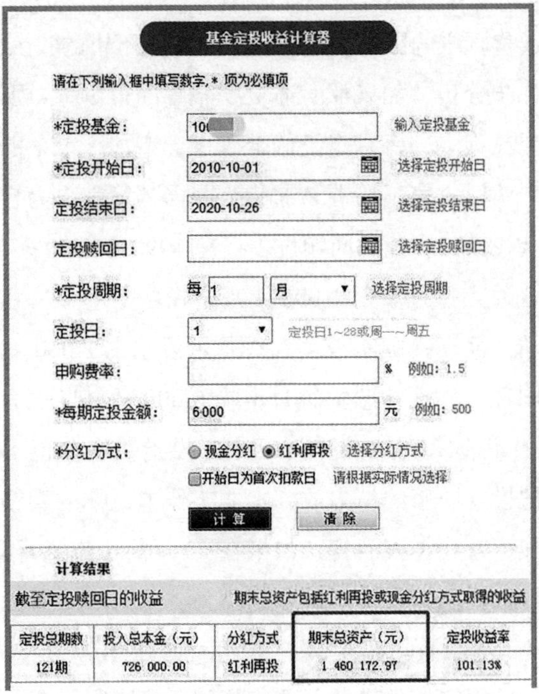

图 5-5　每月定投 6 000 元的收益
（2010 年 10 月 1 日—2020 年 10 月 26 日）

从 2010 年 10 月开始，到 2020 年 10 月，刚好整整 10 年，在这 10 年间，上证指数的涨幅是 25.41%，如图 5-6 所示。

从 2010 年 10 月开始，到 2020 年 10 月，刚好整整 10 年，在这 10 年间，沪深 300 指数的涨幅是 47.65%，如图 5-7 所示。

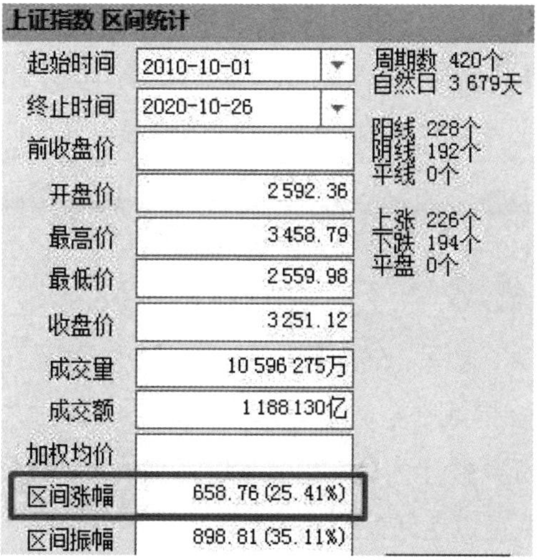

图 5-6 上证指数的涨幅（2010 年 10 月 1 日—2020 年 10 月 26 日）

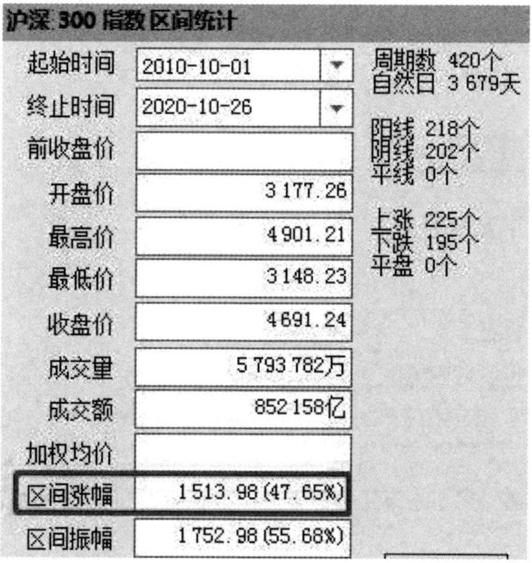

图 5-7 沪深 300 指数的涨幅（2010 年 10 月 1 日—2020 年 10 月 26 日）

如果你选择沪深 300 指数基金进行长期定投，我以富国沪深 300 指数增强基金为例，每月定投 6 000 元，坚持 10 年，计算出来的总体收益率可以达到 100%，远远跑赢沪深 300 指数。最重要的是，你不用择时，不论市场是上涨，还是下跌，不论股市是熊市，还是牛市，你只需要坚持定投就可以。

我们继续分析，按上文所述，每月定投 6 000 元，10 年后总资产大约是 146 万元，然后你从此不再定投，用这 146 万元的本金继续投资该指数基金，20 年后，本金与收益一共会变成多少呢？通过投资收益计算器，我们可以得出图 5-8 所示的结果，本金与收益一共可以达到大约 680 万元。

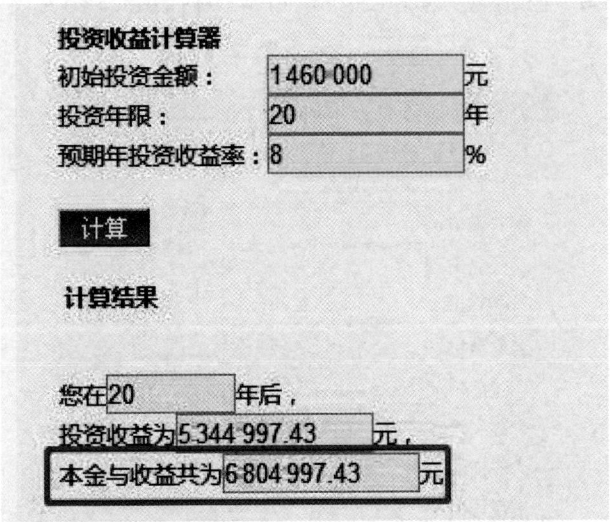

图 5-8　用 146 万元投资某只指数基金，20 年后的总收益

然后你退休了，用 680 万元继续投资该指数基金，按照每年

8% 的年化收益率来计算，每年可以获得 54.4 万元的被动投资收益，平均每月大概可以获得 4.5 万元。

总而言之，我们这辈子不需要很聪明，也不需要很厉害，如果你想过得好，过得富裕，只要每月能够节省出 5 000 ~ 6 000 元，即你每月赚的钱要在 1 万元以上，你基本就可以过上富足的生活了。加油吧，各位！通过努力工作，大家争取每月能够存下 5 000 ~ 6 000 元。如果你现在每月的收入还不到 5 000 元，那你应该先去努力提高自己、投资自己，把自己的收入提高到每月 5 000 元以上，然后再考虑用钱赚钱的事情。否则，你一定得不偿失，未来的生活水平不会太高。这些话虽然残酷，但也是给你最有利的忠告！

精选留言

潘敏：

我在 20 年前的工资也是每月 1 500 元，但是我现在的工资只有每月不到 6 000 元。你说你现在每月能够拿出 10 万元来定投指数基金，我十分好奇这笔钱是你的工资收入，还是炒股收益呢？

十点：

你知道我这 20 年的积累有多少吗？我每月至少有 5 本书的输入量，正因为有这样的输入量，我才可以拥有每天写 1 篇文章并坚持写了整整 5 年的输出量。而且每天坚持写作也是对自己现有知识体系的整理和强化。当你有这样的输入量和输出量时，你也能拥有这个赚钱能力，否则你真的无法想象别人都是怎么赚钱的。

雨后的青山:

能否接受价值投资和长期定投,真的和本身的性格有很大的关系。我也是普通工薪族,但是我的延迟满足能力很强,而且很少有消费型支出,每次多花点钱我就难受,而多攒点钱我就开心。刚工作时,我每月赚 2 000 元,攒到第一个 1 万元时我非常开心,后面用了好几年才攒到第一个 10 万元。最近我结婚了,也加薪了,不知不觉资产就有 100 万元了。当然我也有自己的优势,不用买房。如果我选择每月花光工资,又会是什么结果呢?我的很多同事都认为:反正工资这么少,攒钱也没有意义,还不如花掉。我理解不了他们,他们也理解不了我。

十点:

你很厉害!希望你能够多学习,提高理财能力,这样你的未来才不会缺钱。

父亲的客户经理

2021 年 2 月,我接到一位银行客户经理打来的电话,这位银行客户经理其实是我父亲的银行客户经理。因为我父亲的银行联系电话填的是我的电话,我担心他会被这些人误导,所以我都不让他去银行柜台。因为几年前,他曾被银行工作人员误导购买了某个保险产品,后来他把购买的产品拿给我看,他还以为那是一个理财产品。那位银行客户经理打电话来说，股票基金现在的收益很高，希望我父亲可以配置一点股票基金。不过这个建议被我当场拒绝了，其实之前她也打过几次电话，但是从未提及购买股票基金的事，最近突然提起这件事，就是因为市场比较火爆，她容易卖股票基金，也容易赚钱。

也许很多粉丝会感到奇怪，我天天让你们购买基金，为什么不让自己的父亲购买基金呢？原因主要有以下两个。

第一，当市场上涨、比较火爆的时候，大家绝对不能一次性买入太多股票或基金，否则市场一旦调整，你可能亏掉之前所有的利润。

像我父亲这样年龄偏大的人，既有的资产已经足够他消费了，他为什么还要冒着亏损本金的风险去获取更多的钱呢？所以，最近几年，他的所有资产配置都是以低风险为主，年收益率保持在 5% ~ 9%。其实他也花不完这些收益，真的没必要冒着亏损本金的风险去购买高风险的股票基金。毕竟老人家一辈子勤俭节约，不舍得花钱。我已经明确对我的父母说过，让他们在有生之年努力花完自己所有的钱，不要给我留一分钱。假如他们活到 100 岁，那么如果要确保在接下来的几十年里，他们都有钱可花，就必须确保他们的本金是百分之百安全的。所以我做了低风险的资产配置，哪怕股市暴跌，或出现金融危机，他们的本金也都是安全的，这才能保证老人家的生活不受影响，这就是投资的定位。

大部分有一定资产的人之所以在一夜之间返贫，主要是因为他们没有风险意识，用生活中必须要用的钱去赚不必要的钱，把生活弄得一团糟。追求财务自由要有度。所谓有度就是适当地改善生活质量，逐步提高赚钱的能力，明确自己的投资定位和方向；而不是今天住"茅草屋"，明天就想住"别墅"。尤其对于老年人来说，他们有退休工资，还有一定的可用来投资的闲钱，生活过得自由自在。老年人投资理财的目的就是在保值的基础上，让资产适当地增值，而不是像年轻人一样冒着巨大的风险去创造高收益。他们已经没有这样的机会了，这由人类的寿命所决定，也是常识！

第二，市场在这时持续上涨的概率不大。我们来看一下沪深300 指数在 2021 年 2 月的市盈率情况，如图 5-9 所示。

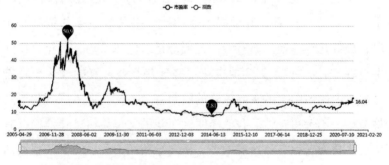

图 5-9　沪深 300 指数的市盈率情况（2005—2021 年）

如图 5-10 所示，从市盈率的角度分析，沪深 300 指数在 2021 年 2 月的市盈率超过了近 10 年 99.1% 时间的市盈率，也就是说在 2021 年 2 月，沪深 300 指数的市盈率继续上涨的概率不高。

市盈率百分位

| 近3年：98% | 近5年：98.8% | 近10年：99.1% |

图 5-10　沪深 300 指数在 2021 年 2 月的市盈率百分位

　　虽然完全通过市盈率判断定投的时机并不十分准确，毕竟疫情导致有些行业和企业的利润严重地下滑，这也拉高了市盈率，但是起码沪深 300 指数的市盈率具有一定的参考价值。例如，如图 5-11 所示，2018 年年底和 2020 年 3 月就是明显加倍定投指数基金的好时机，我相信在疫情最严重的时候，通过看我的文章买入指数基金的朋友，到 2021 年 2 月的收益率都已经达到 20% 以上了。

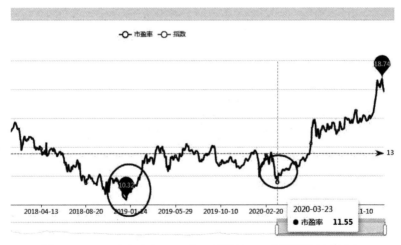

图 5-11　2018 年年底和 2020 年 3 月沪深 300 指数的市盈率情况

　　所以我们在进行以年为单位的指数基金定投时，只要看大指标即可，模糊的正确比精确的错误更有用。之前，我跟大家说过，任何优化措施都没有在指数基金便宜时加大定投金额有效。你不用做任何优化，只要正常定投即可。如果指数基金上涨，那么你定投的金额马上可以贡献利润，如果指数基金下跌，那么你定投的金额的亏损占总盈利的比例也不大。这就是所谓的进可攻、退可守，大家保持心态平和，不再去预测市场是上涨还是下跌，正常工作、生活和消费即可。

2021 年，无论谁推荐你购买股票基金，你都要小心，这个人肯定另有目的。反正，我肯定不会在这个时候推荐你们一次性购买很多股票基金。相反，那时的一些纯债基金和偏债增强基金可能会跑赢沪深 300 指数，值得配置一部分。例如，我将某个偏债增强基金与沪深 300 指数和其他同类偏债增强基金的平均涨幅进行了对比，如表 5-1 所示，从 2013 年到 2020 年，在 8 年中它有 4 年的涨幅大幅跑赢沪深 300 指数，尤其在市场大盘下跌的年份，它还能取得正收益，涨幅跑赢沪深 300 指数很多。

表 5-1　某个偏债增强基金的涨幅情况（2013—2020 年）

年份	2020 年	2019 年	2018 年	2017 年	2016 年	2015 年	2014 年	2013 年
阶段涨幅	11.77%	15.45%	0.33%	6.68%	1.16%	17.38%	26.37%	1.97%
同类平均	4.38%	6.26%	4.56%	2.54%	0.34%	11.16%	20.06%	0.69%
沪深300指数	27.21%	33.59%	−25.31%	21.78%	−11.28%	5.58%	51.66%	−7.65%

　　而从其他同类偏债增强基金的平均涨幅来看，能够取得正收益是这类基金的普遍现象。所以如果你厌恶风险，在 2021 年完全可以考虑配置这类债券基金。

　　当然，我们也不能停止定投指数基金，我们需要积累更多的"生钱资产"，只要市场没有产生巨大的"泡沫"，我们就继续坚持定投指数基金。

精选留言

时尚街区精品店：

老师你好，通过看你的文章，我计划每月定投指数基金。我今年 26 岁，计划定投到 60 岁，一直不止盈，这样的计划思路可以吗？

十点：

你的思路完全没问题，一定要坚持下去。当你遇到大熊市时可以加倍定投，甚至一次性投入大额资金。

时尚街区精品店：

谢谢老师，我之前还想等获得 20% 的盈利之后就赎回指数基金，通过看您的文章，我决定不赎回了。

十点：

择时是最困难的事，来来回回地选择有可能最后什么收益都没有！

D：

老师您好，在图 5-9 中，中间那条横虚线是历史平均市盈率吗？

"沪深 300 指数在 2021 年 2 月的市盈率超过了近 10 年 99.1% 时间的市盈率。"这句话我看了好多遍，仍然不明白，希望您能再解释一下。

十点：

这句话的意思是历史上 99.1% 的时间的市盈率低于 2021 年 2 月的市盈率，这时市场整体被明显高估，但是被低估的品种也不少，如果大家继续买入那些股价已经涨得很高的股票，接下来会面临很大的风险。

— 读者寄语 —

2020 年一次偶然的机会，我看到了十点老师的公众号文章，那是一篇呼吁提高基层教师收入水平的文章，当时我就被十点老师这种正能量和博爱之心所深深地感动和吸引了，随即我又翻看了老师写的很多篇其他文章，所有感受可以总结为一句诗——蓝田日暖玉生烟。自此我就仿佛收获了一位良师益友，每天上午 10 点都必须要第一时间看老师新发布的文章。

市面上从来都不缺关于投资理财的书，但是通俗易懂、雅俗共赏，能将生活常识、正确的价值观和投资理财知识相结合的书却很鲜见。十点老师的有些文章我读过很多次，每次我都有不一样的理解和收获。同样，很多读者也在十点老师价值投资理念和自我修养提升建议的影响下，尝试换个角度重新审视自己的工作、生活、投资等方方面面的事务，找到了最适合自己的投资方式。

十点老师的书将"拾个点"公众号上几年的精华文稿收录其中，从价值观、生活态度、投资理念等多个维度，用精练的语言、身边的事例、正能量的观点，深入剖析和讲解了普通人如何通过"生活—投资—更好地生活"的路径过上财务自由的美好生活。投资本来就是反人性的，十点老师的这 3 本书可以让我们在焦虑和崩溃的边缘静下心来、潜心修炼，化解内心的浮躁，坚守投资的初衷，与时间为伴，静待花开。

——冯建梅

终于等到这 3 本书的出版，很荣幸能为这 3 本书撰写寄语。作者用平实的语言，分享了他宝贵的投资理念和投资经验，为普通人在基金投资策略的选择和执行方面提供了重要的参考建议。作者的文章里包含了诸多人生智慧，不浮不躁，内容很有温度，而且文字简单、易懂、不枯燥、干货多，值得阅读玩味。

——李女士

我曾经偶然读到过一篇十点老师的文章，从此一发不可收。听从十点老师的建议，我从短线操作一步步转向价值投资，理财思维也随之成形。因此，十点老师对我的启发是多方面的，不仅在理财方面，他对我的价值观、世界观都有触动，他让我学会在看问题时，有意识地从正反两方面去思考。比如，在阅读公众号文章时，我不只是阅读自己认可、追随的价值投资类文章，也会去看短线操作类的文章。阅读不同立场见解的公众号文章，可以让我不自缚于信息茧房中，这样对事件才会有一个立体的了解，不人云亦云，在投资上也才能坚持住自己认定的计划而不乱心。

因此，读十点老师的文章，我最深的感悟就是：人要活到老学到老，这真的会让生活充满阳光、让生命延长！

纸短意长，绵思不绝，我就不再多写了，且看十点老师的书，一定会让你受益匪浅！

——人间有味是清欢

我思考了很多很多，才发现十点老师在工作、生活、投资等方面的观念和感悟时时刻刻都在影响和激励着我，对我们年轻人的人生观和价值观有着深远的影响！十点老师是一位善良、有爱、有智慧的人，十点老师在微信公众号"拾个点"中发布的每一篇文章我都认真读过，在喜马拉雅 App 发布的每一个音频节目我都认真听过。现在十点老师的精华文章被集结成书，可以更方便地传播他的投资理念，推荐大家认真阅读并运用到生活中，相信大家会有更大的收获。

——ove@mo 刘晓燕

很高兴十点老师的新书即将出版，作为书稿整理的参与者之一，我感慨良多。认识十点老师的这几年，也是自己在价值投资的道路上不断学习、思考、总结的几年，从以前只知道短线炒股、做差价，到现在持股几年波澜不惊，慢慢享受企业的经营成果和红利分配，我的心境也淡定了许多。投资如同生活一样，都不是一朝一夕的事情，而是一辈子的事情。投资只能为你锦上添花，不能给你雪中送炭，不切实际的回报预期往往是悲剧的根源，梦想一夜暴富的人终究会被市场收割。希望在以后的投资道路上继续和十点老师及朋友们一起前行，收获属于自己的丰硕果实。

——章兵

时间过得很快，但也过得很慢。感觉过得快，是因为我已经记不清自己是从什么时候开始阅读十点老师的文章了，但我仍清晰地记得在 2019 年 5 月 11 日我参加了十点老师在杭州举办的粉丝线下见面会，见到了年轻有为的十点老师和芒叔。也是从那一刻起，价值投资的种子在我的内心扎根，慢慢地生根发芽。而感觉过得慢，是因为十点老师出书的过程一波数折，真是一个漫长的过程，好在这 3 本书现在终于要面世了，首先我要祝贺十点老师的新书即将出版发行，为迷途中的价值投资者指点迷津；同时也祝愿十点的粉丝们坚守初心，在漫长的价值投资道路上砥砺前行！

——鹏

之所以认识十点老师，是因为多年前曾看到他在公众号上讲解与短线相关的系列知识，我当时觉得甚好，还写了满满一本笔记，并实践操作，甚至买到过第二天即连续涨停的个股。因为是追龙头股，所以我每天都要看盘和操作，连在外地旅游也要时不时看看手机。犹记得那年我和朋友去爬华山，一天下来身体已经极度疲乏，但因追的个股当日跌停，所以晚上我还到网吧找电脑下载软件仔细复盘，判断第二日要不要止损，还因此被朋友嘲笑了好久。但这样天天追涨杀跌，一年半载地操作下来，劳心又劳力，不仅没赚到钱，还倒亏不少。

　　不知从哪一日开始，十点老师的公众号上不再发布短线操作的内容，而是开始介绍价值投资和指数基金定投，读着读着，我犹如醍醐灌顶，心想："股票原来还能这样做，还能像攒零花钱一样去攒基金。"于是我又开始记笔记，慢慢地降低操作频率。晚上我不再复盘寻找所谓龙头强势股，外出旅游时也不再频繁地看手机，该吃吃，该睡睡，该玩的时候就尽兴玩，每天不用复盘、看盘，感觉时间都多了不少。渐渐地，我的笔记越记越薄，操作也越来越少，尤其是在 2022 年，除了买卖新债，我几乎都没有操作个股。刚刚总结了一下，截至 10 月，2022 年没有亏损，还略有盈余。

　　都说股市是"七亏二平一赚"，我是属于"一赚"中的那部分人。因为要买房子，我在 2008 年卖掉了持有很多年的一只股票；还是因为要买房子，我在 2010 年又卖掉了仓位最多的个股，这两只股票都是我在 2002 年或 2003 年以极低价格买入的，只是因为需要买房子且股票有盈利，所以才卖掉的（应该都赚了很多倍，除了卖股票，我没有其他付首付的资金来源）。当时我不懂股票，只觉得自己很幸运，因为写这个寄语时我特意打开软件看了看，当时卖掉股票的价格几乎是历史最高价，而且其中一只后来还退市了。现在我跟着十点老师学习了很多价值投资方面的知识，才明白那时无意中的操作，不就是价值投资的体现吗？在市场低落时买入，坚定持有，直到价格体现价值或市场无比狂热时卖出。

——江莲

这是十点老师花费整整 7 年时间撰写，又经过精挑细选、反复打磨的一套理财观念大合集。从基金定投到价值投资，再到享受慢慢变富的过程，阅读这三本书，可以让我们的生活过得更有意义，让普通人不再为钱所困，能活出自己的价值。正如十点老师自己所说："这是投资与生活的完美结合。"这的确是一套让我们消除理财焦虑、重塑理财观念的好书。

——萸之睿

与十点老师结缘是我人生的一大幸事！感谢网络让我有幸认识十点老师，他让我重新开始阅读经典、名人佳作与传记，让我拓宽视野，更好地认识世界。他让我重新认识了投资，教导我只投资宽基指数基金，将投资的风险降到最低，获取长期收益。他的书深入浅出，让我进一步认识到股市投资盈利的本质，还让我明白：如果想要短期暴富，请远离股市；如果想要投机，也请远离股市。因为用短期投机方式做股票的人几乎都会以失败告终。

——何安利

看十点老师的文章让我受益颇多，很感谢有这么一个平台，让我能够了解价值投资、拥抱价值投资，希望十点老师输出的内容能被更多人所知晓。

——拆了东墙后来

要与对的人做伴要做对的事，与十点君相识是在西湖湖畔的线下见面会上。通过倾听十点君的演讲，我感觉他是我投资路上的那个领路人；通过阅读十点君的文章，我深刻理解了如何才能做对的事。

记得上学时，青岛一位挚友送我一句话："众里寻他千百度，蓦然回首，那人却在，灯火阑珊处。"自从接触十点君的价值投资思想后，我总会联想到王国维大师的人生三境界。"独上高楼，望尽天涯路"，恰似十点君畅谈的投资境界——价值投资，指明了光的方向，告诉我们对的事情该是什么样子。"衣带渐宽终不悔"，恰似十点君每天发布的与我们相伴的文章，告诉我们对的路需要一点点走下去，慢下来、静下心来，用慢思考的方式删繁就简，从投资前辈们的智慧中吸取能量，因为深度的意义远大于速度。在投资的路上，要锲而不舍地学习，也要耐心地等待，相信聚沙成塔的积累终会让我寻到灯火阑珊处的"那人"。

愿与十点君做一生智慧的朋友，与大家携手一生做对的事。

——古风

十点君所有从 0 到 1 的尝试，都让人佩服。这次新书出版的内容整理工作，我有幸参与其中，哪怕参与的是非常微不足道的一部分，也让我有了"与十点君有了联结"的自豪。我欣慰于借由十点君新书的出版，可以帮助到千千万万像我一样需要帮助、渴望成长的普通人。

——钱珑

—— 致 谢 ——

感谢以下粉丝参与书稿文章的整理

冯建梅	罗庆鹏	蒋明雷	古风
罗以为然	江莲	何安利	赵立国
石钟敏	王丽霞	LOVE@mo	北冥有鱼
周晋	李晨阳	Lee	沈春钰
章兵			

感谢以下粉丝报名参与书稿文章的修订

读星人	萧风	北北	顺祥
业精于勤	一苇渡江	菊花普洱茶	鱼
张晓波	Fiona	嫦	彩虹
北海	陈然	诗意	孔德东
徐建新	Onlook	无影	拾画
天天红	hollow	青水	朱先生
千里暖阳	居正	钉子	宁静致远
ripper	海阔天空	欢	浩

青弦	梅丽华	川坝滩	歌酒叁逗
Lily	yan	风之花	s liang H.
流水	HN	宝天曼山人	依杰
不侠不乐	如是	朝阳	强
zzZ	满天星	天使	阳
龙大叔	辈	老鱼三十	Bared
蒋绪军	天府康康	海棠	瑞宝
小胖仙	稻草人	幸福感之阳光鹏博士	
chemcyric	清沁	晴耕雨读	喜欢独处的猫
龟龟豆儿	蔡蔡	茗香绕衣	忘忧草
刘敏	释然	夏日清风	罗绿垚
耐心等待	大海	夏夜星空	哈哈
濮水画廊	凯	mangogo	燕子
雨露	wei ping	小橘	滕
叮当	93°	如风	欧达
赵力	赵春涛	张治广	adnmac
zhao	冯永东	安宁的宁	A 久利会计汪
白彬	北方	犇	奔跑的蜗牛
兵	冰心无泪	bing.Y	刘博
周凯生	彩色天空	彩英	沧海一笑
曹曹	草萌	cele	茶茶
超凡	超悦自己	陈 99	陈春坡
冯玉侠	澄明	陈工	橙子
陈洁	chen_qiji	晨星	孤影随行

春哥	春雨江南	慈书平	走走看看创世纪
崔喜君	淡定	丹桂飘香	Dawn
大舞台	邓子	定投张步亭	子午熹希
东方旭	冬眠	懂你	豆荚
敦明本初	杜堃	陆鹏山	fandh
fei.shi	飞天小翔	菲	斐
李金贵	肖峰	锋	追逐
Fishriver	高	和杰	顾国兴
贵州老鬼	haihuer	顶级气氛组	人生不相见
胡尽喜	昊	好心情	好运归来
harry	何文兵	HF	宏伟蓝湾
红霞	厚凡	HTony	Hu
浣福君	辉	黄小	火箭
王佳奕	J.CHEN	Jessie	陈惠芳
坚	杨志刚	蒋华江	江南
健团	贾西贝	进步	单恋一枝花蒋颖
金豆佳音	静谧	近看花开	汪建芳
开心苹果	kake	可可美	KEN
可妮兔爪爪	若尘	空心菜	落笔成剑
蓝精灵	老班阿鹏	老赵	梁琅
李航宇	李建	李杰	震泽银池
黎明	琳	李鼐财	聆听品茶
李鹏	刘慧	liujun	浏览天下
刘文骏	李显	李晓波	立行

立志	李志国	张细平	龙腾虎跃
龙行天道	乱云飞度	罗国飞	罗江敏
lyx	Maggie Ma	Maggie S	慢就是快
漫曼	Manny	赵艳霞	馒头
杨佳沁	蚂蚁快跑	Min	茗香
明心	皞	七月学长	MT
木愚	南坊青木	南飞燕	宁静
孙之烨	宁若	NL	Original
区永圻	彭崇信	刘平	平凡的世界
高小飞	愆	钱妈	青春作伴
轻风	清风飞扬	清风烟雨	清欢
青年	情义无价	七千岁	秋冬雨
RAMBLING	Raymond	日月星	冯巧
山气日夕佳	邵毅	水润无声	瘦是一种态度
顺利如意	silence	sim168	Sue
苏杭	suixin	随意	素俪
孙	孙大笑	孙桥	孙雯郁
孙岩	苏伟光	汤汤	Terry
天蓝蓝	天气很好	田秀芳	田野
照远行安	王舒颖	王彦宏	王志永
我是第一	Wqm	吴凯	无声的雨
赵雪	无与伦比	XCX	想个名字
湘江之水	识墨闻香	小呆呆	笑看未来
小美	晓平	小魏	谢良胜

心安	田从丰	郑泽洲	杏花
行云流水	心灵自由	宣兵多瞩	阳光无限
阳光正好	杨积慧	杨忠洋	野马
液态金属	易	壹力	英才书店张时亮
营长	银河	wxy121105	一言斋
Youhe	远航的帆	袁廷鑫	远影
冰点冷水	运动人生	愚傅	雨田
渔舟唱晚	YZF	翟	璋
Zhang	张建	张磊	张黎
张明珠